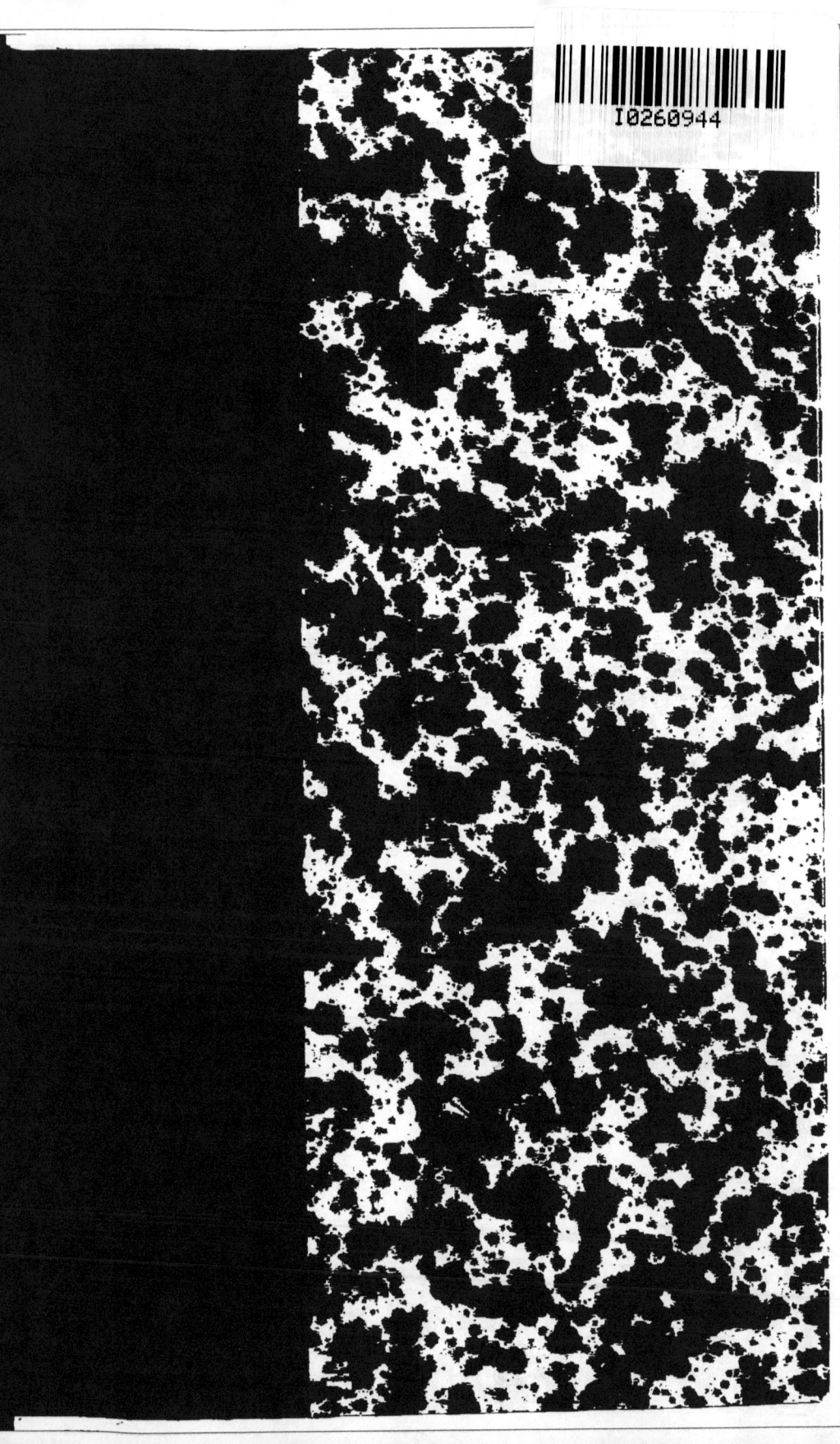

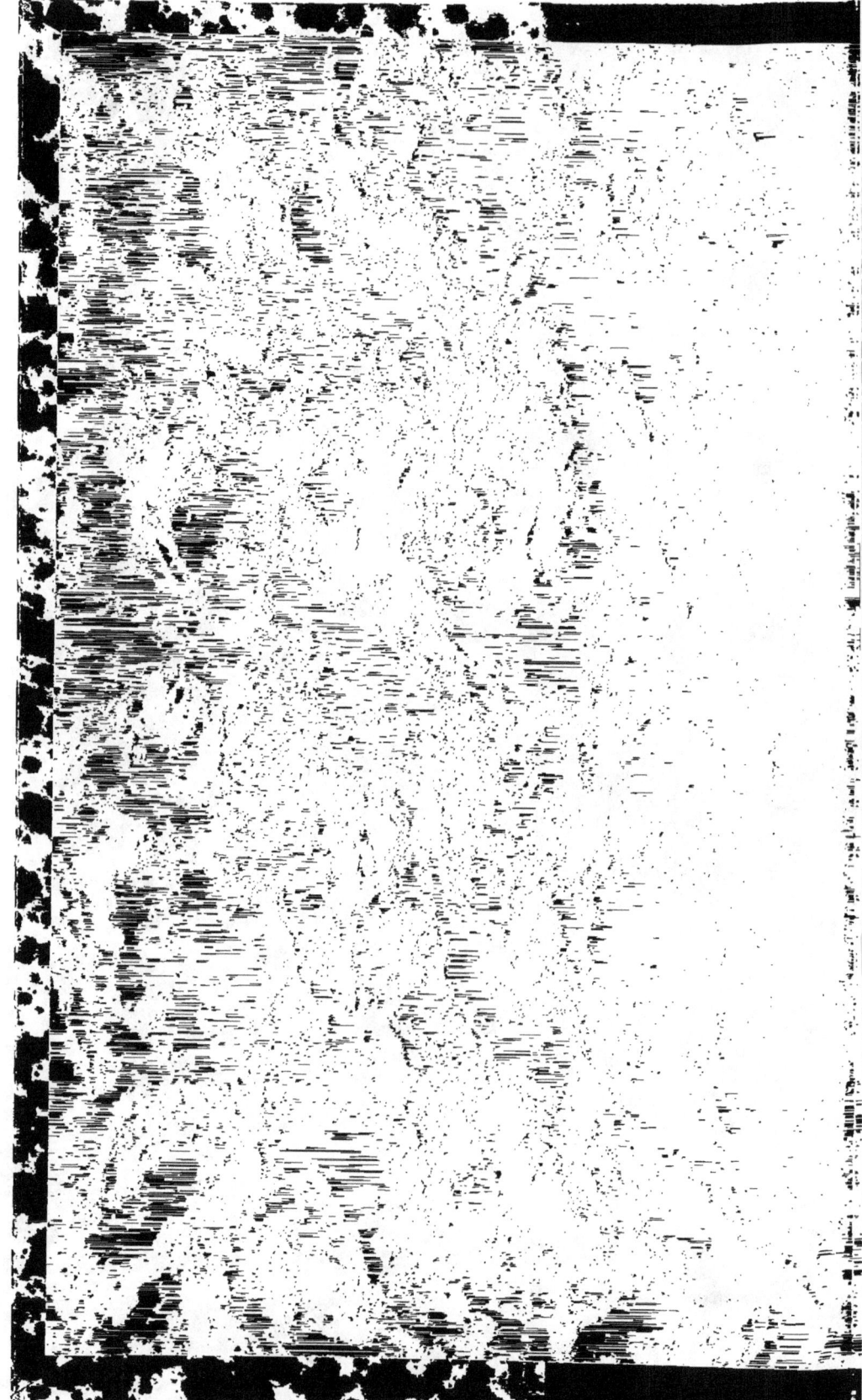

TÉFIN 1965

LÉON DE MARANCOUR

LES FRANÇAIS
A ROME

(ECHOS DU VATICAN)

NOUVELLE ÉDITION

PARIS
LIBRAIRIE INTERNATIONALE
15, BOULEVARD MONTMARTRE

A. LACROIX, VERBOECKHOVEN & C°, ÉDITEURS
A Bruxelles, à Leipzig et à Livourne.

1868
Tous droits de traduction et de reproduction réservés

LES

FRANÇAIS A ROME

(ÉCHOS DU VATICAN)

OUVRAGES DU MÊME AUTEUR :

Les Confessions d'un commis voyageur, 1 vol., 3ᵉ édit. 3 fr. (Achille Faure).

Rien ne va plus (*la Rouge et la Noire*), nouv. édit. 1 vol. (Achille Faure).

Mademoiselle Escobar, 1 vol., 3 fr. (Achille Faure).

Le Protectorat anglais aux iles ioniennes, broch. in-18. 1 fr. (Dentu).

Aux Miettes de l'histoire (*Réponse du sifflet*), broch. in-18, 1 fr. (Dentu).

LES FRANÇAIS
A ROME

(ÉCHOS DU VATICAN)

PAR

LÉON DE MARANCOUR

NOUVELLE ÉDITION.

PARIS
LIBRAIRIE INTERNATIONALE
15, Boulevard Montmartre.

—

A. LACROIX, VERBOECKHOVEN et Cie, ÉDITEURS
A Bruxelles, à Leipzig et à Livourne.

—

1867

Tous droits de traduction et de reproduction interdits.

ÉLÉVATION

A MA MÈRE

O veuve des Césars, ville éternelle et sainte,
Rome! je te salue, et sur ta majesté,
Sentant passer dans l'air une invisible plainte,
J'adore à deux genoux, ton deuil et ta beauté.

Que de pleurs sont tombés de tes yeux! de tes veines
Que de sang a coulé sur tes tombeaux ouverts,
Lorsque le Nord barbare écrasait dans tes plaines
Les marbres arrachés à tes temples déserts!

J'aime le lourd repos de ta campagne immense,
Qui dort dans les plis droits d'un lugubre silence,
Sous les mornes rayons de ton soleil de feu.

Tu n'as plus sur le front la couronne du monde,
Mais tu gardes encor, mère toujours féconde,
Le sceptre du calvaire et l'amour de ton Dieu.

LES FRANÇAIS A ROME

A M. H. DE VILLEMESSANT

Monsieur

En tête de ce volume, je devais placer votre nom en souvenir de nos bonnes relations. N'en êtes-vous pas d'ailleurs le parrain, vous qui l'avez tenu sur les fonts baptismaux ? C'est donc à vous que j'adresse cette lettre, résumé d'une conviction formée par l'étude désintéressée des hommes et des choses du monde romain.

Athée, philosophe, libre penseur, de tous les pays et de toutes les écoles, nul jusqu'à ce jour n'a tenté d'ouvrir directement les hostilités contre le pouvoir spirituel du chef de la chrétienté. Tous s'en tiennent à une polémique courtoise, leur Non n'est armé que par la Raison, de même leurs adversaires animés par la Foi jettent leur Oui dans l'urne de l'humanité.

Le seul terrain où la lutte prend un caractère injuste, acrimonieux, est celui du pouvoir temporel.

La question éternellement posée, — et à laquelle il serait osé de répondre, — est celle de savoir si l'idée n'est viable que par la matière, et si le triomphe de la pensée ne peut être assuré que par la force.

Les catholiques me semblent suivre une route dangereuse. Qu'ils mettent au service de leur opinion, fortune, famille, existence, pourquoi les en blâmer ? Mais qu'ils fassent appel à l'étranger, — étranger le plus souvent synonyme d'ennemi, — voilà ce me semble, la pente fatale où ils se sont engagés.

Du moment où la France a secondé de ses baïonnettes les projets du Saint-Siége, la solution du problème est sortie du domaine de la philosophie pour entrer dans celui de la politique.

Les soldats ont pris la place des fidèles. On a bourré les canons avec des bulles pontificales, croyant qu'elles porteraient mieux et plus loin.

Mauvais moyen, expédient désespéré.

Ou le pouvoir spirituel ne peut subsister que par le temporel, et l'on doit assurer au souverain pontife une indépendance qui sera consentie par tous ; ou ces deux pouvoirs sont incompatibles, et l'on doit alors supprimer le temporel, pour laisser le spirituel vivre dans sa pure gloire.

Disons-le, jamais peut-être le Pape n'a été réduit à une servitude plus dure que d'avoir à subir un général français disposant à son gré du sort de sa Couronne terrestre.

Avec la Révolution la Papauté peut perdre sa souveraineté pendant dix ans, vingt ans, un siècle ; mais avec le protectorat elle perd à tout jamais son prestige.

Déjà le respect disparaît ; on ne croit plus à rien.

Nobles, bourgeois, prolétaires romains se sont assimilé les principes, les habitudes et jusqu'au langage des troupiers français.

On a fraternisé au Capitole, moins par sympathie que par l'invincible accoutumance de se laisser faire.

Pour qui connaît Rome et son peuple, il est inadmissible que la Révolution y prenne racine, l'esprit public s'y refuse, et les intérêts personnels sont trop vifs, pour qu'ils n'étouffent pas en germe les tentatives fomentées par l'extérieur.

Que le peuple romain décide de lui par un éclatant plébiscite, et l'on reconnaîtra, alors, cette vérité, — faussée par des hommes ignorants des aspirations et des besoins de la population tévéréenne : — Rome et le Vatican ne font qu'un.

Si l'avenir dément cette assertion, c'est à l'influence française qu'on le devra.

Le drapeau troué à la porte Saint-Pancrace ne peut impunément flotter au fort Saint-Ange. Il porte dans ses plis des flammes de liberté qui détermineront l'incendie.

Périsse donc aujourd'hui le pouvoir temporel, si demain il doit disparaître misérablement sous le coup d'hypocrites atermoiements ou d'une nouvelle convention diplomatique aussi mensongère que les autres.

Pour la souveraineté pontificale, l'occupation française, c'est la mort : mort lente, douloureuse et sans grandeur.

A cette heure, le soldat français n'est plus que le croque-mort de la Papauté.

Léon de Marancour.

CHAPITRE PREMIER

UNE AUDIENCE AU VATICAN

CHAPITRE PREMIER

Une audience au Vatican

I

— « Otez vos gants, je vous prie, monsieur; ainsi qu'à la sainte table, on n'est admis devant notre Saint-Père le Pape que les mains nues. »

C'est, accompagnée du plus aimable et plus fin sourire, que cette injonction est faite à tout étranger, ignorant l'étiquette, par Monsignor Borromeo, camérier secret.

Son visage, quoique d'une maigreur ascétique, n'en conserve pas moins une douceur d'expression indéfinissable. Ainsi d'une lampe qui, faute d'aliment, s'éteint, puis jette une lueur plus intense, s'éteint de nouveau se ravive et meurt, la vie semble s'échapper, à tout instant, des yeux de Mgr Borromeo.

Grand seigneur jusqu'au bout des ongles, d'une main qui n'emprisonnerait pas l'aile d'un oiseau-mouche, Monsignor Borromeo était bien le prélat, à la fois austère et mondain, auquel devait échoir la délicate mission d'introducteur près de Sa Sainteté. *Il maggiordomo di Sua Santità.*

* *

Pie IX, cadet de la famille des comtes

Mastaï-Ferretti, est né le 13 mai 1792, à Sinigaglia, petite ville des marches d'Ancône; ses goûts le portèrent vers la carrière des armes. Sa naissance lui donnait droit d'asile parmi les gardes-nobles. Il y entra. Mais peu après il ressentit les premières atteintes d'un mal réputé incurable. Pie VII, qui l'aimait particulièrement, en fut fort affecté, et lui écrivit un matin :

« Mon cher Mastaï, viens me voir aujourd'hui à deux « heures ; je dois te faire une communication de la part « du bon Dieu.
« Pie VII. »

A deux heures, Mastaï se rend au Vatican. Pie VII l'engage à entrer dans les ordres.

— Hélas, répond le garde-noble, l'obstacle qui me force à quitter la vie militaire ne me permet pas davantage de songer à la vie ecclésiastique.

— Dieu veut de toi, mon ami; va lui demander ta guérison à l'église Sainte-Marie-des-Anges.

Six mois après, Mastaï-Ferretti était guéri.

D'abord étudiant à Volterra, puis prêtre, puis missionnaire au Chili, — d'où il rapporta de curieux mémoires sur les monastères espagnols, enfin archevêque de Spolète et d'Imola en 1832. Il revêtit la pourpre de cardinal en 1840.

Sans fortune patrimoniale, n'ayant d'autres ressources que les maigres revenus de son évêché d'Imola, le cardinal Mastaï-Ferretti, malgré son esprit d'économie, eut à traverser bien des jours difficiles. Un certain matin son maggiordomo entre effaré dans son cabinet et lui annonce qu'il n'y a plus un baïocco dans la maison.

— Que faire ?

— Le bon Dieu y subviendra, répondit tranquillement l'évêque.

— Très-bien... Mais nos fournisseurs sont intraitables.

Le cardinal Mastaï-Ferretti remet alors ses derniers cinquante écus à son intendant. Le lendemain les cinquante écus avaient disparu de la caisse. Cris, scandale, le maggiordomo accuse de vol tous les domestiques et parle de les chasser.

— Chassez-moi donc, s'écrie Pie IX qui était survenu, attiré par la querelle, car c'est moi le coupable.

Les cinquante écus avaient été dérobés par le cardinal Mastaï, et employés en aumônes. L'évêque de Spolète arrivant sur ces entrefaites, Pie IX vendit sa montre pour lui donner à dîner.

C'était pendant la semaine sainte, à Saint-

Charles-Borromée, au milieu d'un sermon, un prédicateur célèbre est pris d'un enrouement subit qui l'oblige à s'interrompre et à quitter l'église. Le cardinal Mastaï-Ferretti, qui se trouvait justement là, s'offre à le remplacer, et, sans plus de préparation, il poursuit.

En descendant de chaire, comme de nombreux auditeurs le complimentaient sur la façon brillante avec laquelle il s'était tiré d'une entreprise aussi difficile, Pie IX coupa court aux louanges par ce délicat mensonge :

— « Je connaissais le discours de mon« sieur, et s'il était moins bon chrétien, il me
« garderait rancune pour avoir, — mauvais
« interprète, — défiguré le fond par la
« forme. »

Peu avant son couronnement, une députation israélite se présenta au Quirinal et demanda à faire hommage au Pape, — de la part de leurs coreligionnaires du Ghetto, — d'un magnifique calice antique.

— « C'est bien, — mes enfants, — leur
« dit le Saint-Père, j'accepte et vous remercie,
« de tout mon cœur. Mais combien vaut,
« en écus romains, ce calice, sans compter
« sa valeur artistique, qui est inestima-
« ble ? »

— 500 écus.

— « En voici mille ! acceptez à votre tour,
« et distribuez cette faible somme, de la part
« de Pie IX, aux familles pauvres du
« Ghetto. »

Ces quelques anecdotes et la suivante en disent plus long et mieux sur les grâces d'esprit et de cœur du Saint-Père, que les appréciations les plus fines et les mieux étudiées.

On y trouve un homme délicat et grand, prompt à la réplique, spirituel sans causticité et dégageant de tout son être une sympathie irrésistible.

*
* *

A l'époque (1847) où Fanny Essler dansait au théâtre Argentina, ses plus chauds admirateurs se cotisèrent pour lui offrir une couronne d'or du prix de 12,000 fr.

Mais avant d'en faire l'acquisition, l'on décida d'en parler au Saint-Père; on pouvait craindre, vu les difficultés financières du moment, qu'il ne blamât sévèrement cet acte de prodigalité.

— « Offrez votre couronne, leur répondit
« Pie IX, si cela vous plaît; il n'y a rien là qui
« compromette la dignité de mon Église ni la

« sécurité de mes États. Permettez-moi seu-
« lement de vous dire que le choix de votre
« souvenir, — à une illustre *ballerine*, —
« n'est pas heureux. Je ne suis qu'un pauvre
« prêtre, moi, peu compétent dans ces sortes
« d'affaires. Mais j'aurais cru que les cou-
« ronnes étaient faites pour la tête et non
« pour les jambes... »

Fanny Essler reçut néanmoins la couronne de 12,000 fr. Mais elle apprit par un indiscret la réplique de Pie IX et lui fit remettre 6,000 fr. pour les pauvres.

II

J'ai eu deux fois l'honneur de voir le Pape au Vatican. La première fois, c'était en audience publique. J'attendais avec plusieurs personnes, dans une immense salle. Il était huit heures du soir; le Saint-Père, après son dîner, devait traverser cette salle pour se rendre dans ses appartements. Soudain, il parut.

Chacun se prosterna; mais d'un signe de la main, il pria l'assistance de se relever.

Pie IX est de taille moyenne, un peu gros, peut-être. Sa démarche est lente et pénible. Rien de saillant dans sa personne, de belles mains, un petit pied. Sa tête attire et retient le regard; l'ensemble en est régulier; à part le menton un peu lourd. La bouche, d'un dessin tourmenté, exprime l'ironie et le mépris pour ceux qui ne savent pas y lire la souffrance. Le teint est blanc, mais d'une blancheur maladive. Toute la physionomie, dans sa netteté, a quelque chose d'absolu, de dur, qui révèle pour les uns la persévérance que rien ne peut lasser; les autres veulent y voir le cachet d'un entêtement que rien ne peut abattre. Mais Pie IX a parlé. De ces lèvres contractées une voix est sortie vibrante et douce, harmonieuse et pénétrante; de son œil atone, au repos, partent mille rayons! Une transfiguration s'est accomplie.

Vous n'étiez que respectueux tout à l'heure, vous êtes ému maintenant. Vous ne voyiez qu'un souverain; vous entendez un père.

Avec quelle bonté, quelle affabilité, il parle à ces hommes!

Ce sont des soldats français qui vont rejoindre leurs foyers, et qui ont voulu, avant de quitter Rome, voir leur Pape.

Et il leur distribue à tous des chapelets, des médailles, que le soldat rapportera avec joie dans sa famille, en disant :

— Ce chapelet! c'est le Saint-Père qui me l'a donné! à moi! de ses propres mains!...

．*．

Une présentation au Pape s'obtient sans grandes démarches; il suffit d'une demande apostillée par un ambassadeur pour que, peu de jours après, vous receviez une réponse favorable.

J'avais obtenu une audience particulière.

Ce fut Monsignor Borromeo qui m'introduisit dans une pièce sans autre décoration qu'une vierge du Pérugin ou de Luini, je crois, éclairée par une lampe, les rideaux hermétiquement fermés.

Au centre de la pièce, une table surchargée de papiers. Devant cette table, assis dans un fauteuil aux armes pontificales, occupé à écrire, un homme habillé d'une longue soutane blanche, légèrement maculée d'encre.

A mon entrée, il se soulève et fait un léger mouvement de corps.

Je connaissais déjà de vue Pie IX, mais jamais je n'avais eu l'honneur d'être en tête à tête avec lui, et ce n'est qu'alors qu'on peut dire qu'on le connaît.

Quand je fus près de lui, il me tendit la main, que je baisai, puis m'adressa différentes questions sur ma famille, ma profession, sur ce que je faisais ou comptais faire à Rome.

Très-érudit archéologue — (il n'est pas en Europe un savant connaissant mieux sa Rome que Pie IX), — il aime à parler des choses d'art et à s'en occuper. C'est par ses soins que d'importantes réparations conserveront à jamais le Colisée.

« —Êtes-vous allé visiter les nouvelles fouilles qu'on fait sur la voie Latine? —Non. — Eh bien allez-y, je vous le conseille; il faut voir cela. »

Et Sa Sainteté se complut à me donner en français, mais avec un fort accent italien (il sait en outre l'anglais, l'allemand et l'espagnol), de nombreux renseignements curieux et ignorés sur des monuments que je croyais connaître.

Comme j'allais me retirer, il me dit à plusieurs reprises :

« — *Adieu*, mon enfant, mais si vous restez quelque temps à Rome, revenez me voir. »

*
* *

J'ai su, depuis, que la phrase « revenez me voir » était de simple politesse. Je devais d'ailleurs partir le lendemain.

Mais à ceux qui sont à Rome depuis six mois ou un an, le Pape dit « au revoir, » tant il est convaincu qu'un homme ayant dormi trois mois à l'ombre de la coupole de Saint-Pierre sera si fort enveloppé par le charme magnétique du pays qu'il ne pourra plus vivre ailleurs et qu'il y reviendra.

III

Chacun sait comment, à peine assis sur la *sedia gulatoria*, Pie IX inaugura son pontificat.

Les portes des prisons politiques, ouvertes sans conditions, la garde suisse dissoute, le clergé soumis aux impôts, et le 14 mars 1848, une constitution libérale accordée au peuple romain enthousiasmé.

Pie IX prend courageusement la tête du mouvement; mais le mouvement l'entraîne. Le 15 novembre 1848, son ministre Rossi meurt assassiné. L'émeute est dans le Corso. Le Saint-Père abandonne le Vatican et se réfugie au Quirinal.

Puis sur le conseil de son secrétaire d'Etat, le cardinal Antonelli, il se décide à quitter Rome.

Mais quitter Rome n'est pas chose facile!

Comme aujourd'hui, les opinions étaient alors fort divisées : les uns voulaient le Pape roi et pontife, les autres ne le voulaient que pontife; mais tous voulaient le Pape.

Aussi le peuple le gardait-il étroitement.

Eût-il réussi à sortir de Rome, les troupes garibaldiennes ne tenaient-elles pas la campagne!

.*.

Ce fut une femme, la belle, gracieuse et spirituelle comtesse de Spaur, la femme de l'ambassadeur de Bavière, qui prit à cœur de mener l'affaire à bonne fin. Voici comment :

Le 24 au soir, l'ambassadeur de France, le duc d'Harcourt, demande aux gardes nationaux qui entourent le Quirinal à voir Sa Sainteté. Après bien des difficultés, il arriva jusqu'à Pie IX ; Pie IX l'attendait.

Avec lui, le duc d'Harcourt apporte tout un travestissement : un pantalon et une redingote noirs, des souliers noirs à boucles d'argent, un large chapeau et des lunettes.

Le Saint-Père s'en revêt à la hâte, et sort du Quirinal par une des petites portes du jardin donnant sur une ruelle déserte, suivi de son fidèle et intelligent serviteur et ami le chevalier Philipani, actuellement banquier du Vatican.

Le peuple croit le Saint-Père en conférence avec l'ambassadeur de France qui, pour tromper la vigilance des geôliers de Pie IX, resta seul plus d'une heure dans le cabinet pontifical, affectant de lire à haute voix, et de discuter avec feu.

Le départ se fait donc sans obstacle, et le Pape abandonne la ville éternelle, dans la voiture de l'ambassadeur de Bavière, qui l'accompagne.

M. de Spaur doit aller directement à Naples; le Pape, à peu de distance de Rome, le quittera donc, et prendra place dans la voiture de poste de la comtesse de Spaur.

C'est elle qui s'est chargée de la fortune de Rome.

* *

Le prétexte d'un projet de mariage entre une princesse de Bavière et le fils aîné du roi des Deux-Siciles, expliqua ce voyage précipité du comte et de la comtesse de Spaur.

A l'Aricia, près d'Albano, on rejoint la comtesse; mais au moment du changement de voiture, des carabiniers rôdent autour.

Mme de Spaur ne perd pas la tête, et sans plus s'en préoccuper, elle dit au Pape d'un air fort grognon, ma foi :

— Ah! enfin c'est vous, l'abbé; vous êtes incorrigible; voilà deux heures que je me morfonds pour vous! Vous êtes insupportable!

Le Saint-Père se place au fond du carrosse, à côté de la comtesse, Maxime de Spaur, son fils, et M. Siebel, son gouverneur, occupent les deux autres places. L'ambassadeur, lui, s'installa tant bien que mal derrière la voiture avec son chasseur, et l'on repartit.

A Fondi, — frontière napolitaine, — un groupe de partisans lombards arrêtent la voiture :

— Qui êtes-vous? D'où venez-vous? Où allez-vous?

— Je suis la comtesse de Spaur, femme de l'ambassadeur de Bavière; nous venons de Rome, et nous allons à Naples, moi, mon fils et son précepteur que voici; c'est la deuxième fois que l'on interrompt notre voyage; soyez assez aimable, monsieur le commandant, pour nous donner une passe, un sauf-conduit... Je ne sais pas, moi! je ne suis qu'une femme! Voyons, l'abbé, parlez donc, vous qui savez l'italien!

Tout cela dit avec un son de voix si calme et si gai, — pas une note fausse, — que rien ne paraît plus vrai.

Le commandant lombard, un homme galant, s'empresse de remettre le sauf-conduit à M. l'abbé, lui souhaite bon voyage, et se remet en marche; car il n'a pas de temps à perdre : dans quelques heures seulement, il saura qu'il a tenu entre ses mains, durant quinze minutes, Sa Sainteté Pie IX.

.*.

Au môle de Gaëte, à cinq milles de la ville, le chevalier d'Arnao, ambassadeur de Portugal, et le cardinal Antonelli, travestis en paysan romain, remplacent M. de Spaur et son chasseur qui continuent leur route vers Naples.

Enfin le lendemain on arrive à Gaëte.

Aussitôt le chevalier d'Arnao se rend chez l'évêque et demande l'hospitalité pour quatre voyageurs de distinction qui désirent garder l'*incognito*.

L'évêque répond qu'il a ses pauvres.

Faute de mieux on s'installe à l'*Osteria des*

Jardins, mauvaise auberge tenue par un pauvre diable de pêcheur.

Des provisions : est-ce qu'on a eu le loisir d'y songer? On n'a pas même eu le temps d'emporter de bagages, et le Pape a grande faim.

Vite une omelette; et puis, quelques poissons grillés. Dame! la cuisine sera maigre. Mais qui pouvait se douter d'une pareille visite?

La présence chez lui de quatre personnes de qualité trouble et inquiète le pêcheur.

— Elles ont parlé de passer la nuit chez moi! raconte-t-il à un ami.

D'ami en ami, le commandant de Gaëte. le général Gross, apprend que des étrangers se sont introduits dans la place. — Ils craignent d'être vus, se dit-il, donc ils ont peur d'être reconnus, donc je les arrête!

.*.

Le même soir, les quatre fugitifs étaient incarcérés dans la citadelle comme suspects et gens capables de troubler l'ordre public.

L'instruction de l'affaire se poursuit. Gross questionne ses prisonniers. Pour toute réponse, l'ambassadeur de Portugal présente ses papiers. Mais, ô malheur! dans la précipitation du départ, on s'est trompé de passe-port, et c'est celui de l'ambassadeur bavarois qui est, en ce moment, entre les mains du soupçonneux commandant.

De son côté, le comte de Spaur courait sur la route de Naples avec un passe-port du chevalier d'Arnao.

— Ainsi, vous êtes l'ambassadeur de Bavière?

— Moi!... réplique vivement le ministre

portugais...; — mais s'apercevant aussitôt de l'erreur, il accepte le rôle que le hasard lui assigne :

— N'avez-vous pas mon passe-port qui prouve mon identité?

— Certainement, monsieur le comte, et je me félicite de vous avoir dans mes murs; il y a si longtemps que je n'ai personne à qui parler allemand! ajoute le général d'un air aussi fin que peut être l'air d'un Suisse-Allemand ; je trouve quelqu'un avec qui causer, je le garde.

Et le brave commandant de se mettre à hacher de la paille à belles dents. Le chevalier d'Arnao se garde bien de l'imiter, et pour cause. Il demande à écrire à Naples. Gross y consent.

Le Saint-Père n'en passe pas moins la nuit dans la citadelle de Gaëte.

Au milieu de ces péripéties son humeur n'est altérée en rien. Que lui font ces petites misères ? Ce n'est pas à Gaëte qu'il est, c'est à Rome; à Rome qu'il a laissée en proie à la révolution, à Rome! qu'il a quittée, seul, en fugitif!...

Au lever du jour une petite escadre pointe à l'horizon.

— Plus de doute, se dit Gross, ils ont cru me surprendre par terre et par mer!...

Il donne un tour de clef de plus à la porte de ses prisonniers, et envoie trois ou quatre boulets aux vaisseaux croiseurs.

Mais quel n'est pas son étonnement, quand, à son feu, l'on répond par le hissement des flammes napolitaines!

C'était le roi des Deux-Siciles qui, ayant appris par M. de Spaur la fuite à Gaëte, venait y chercher le Saint-Père.

※
※ ※

Sitôt son arrivée à Naples, vers minuit, l'ambassadeur de Bavière s'était immédiatement rendu rue de Tolède, à la Nonciature.

Le nonce monsignor Garibaldi revenait à l'instant de chez le duc de Torella, où il avait passé la soirée.

Le comte demanda au nonce de bien vouloir l'accompagner auprès du roi.

Le nonce hésite d'abord à aller réveiller le roi; mais M. de Spaur l'y décide en lui montrant la lettre du Pape, revêtue du sceau pontifical.

Ferdinand II les reçoit.

Le comte de Spaur prend la parole :

— Pardonnez-moi, sire, de me présenter devant Votre Majesté à cette heure, mais je vous apporte la nouvelle d'événements d'une haute gravité. Cette lettre du Saint-Père, que je suis chargé de vous remettre, vous dira tout. La voici, sire.

Le roi prit la lettre, la lut, et dit simplement à M. de Spaur :

— Revenez dans six heures, monsieur le comte, ma réponse sera prête.

Quand celui-ci revint, le roi l'apercevant, s'écria : Ah ! c'est vous, monsieur, eh bien ! nous allons porter la réponse ensemble.

A six heures du matin, le roi et la reine, les comtes d'Aquila et de Trapani, l'Infant don Sébastien, le ministre de Bavière, et un grand nombre de gentilshommes, s'embarquèrent à bord de la frégate *le Tancrède*, escortée du vapeur *le Robert*.

Pendant le débarquement, dans le port

de Gaëte, quelques mots du commandant Gross suffirent pour faire comprendre au roi que Pie IX est traité en prisonnier de guerre.

— Ah ! tu en fais de belles, mon brave Gross ! tu mériterais fort que je te fisse fusiller ! s'écria Ferdinand II. Tu tires sur ton roi, et tu emprisonnes le Pape !

Gross se croit perdu et va se jeter aux pieds du Saint-Père pour implorer sa grâce.

— Tu as mon pardon et tu auras ma bénédiction, lui répondit gaiement Pie IX, mais envoie-moi un barbier, et donne-moi une chemise.

A propos de cette chemise, on raconte à Rome que ce fut encore la belle comtesse de Spaur qui sauva la situation. Dans son sac de voyage elle avait jeté à la hâte quelques objets de toilette, une chemise, quelques mouchoirs, un flacon d'odeur... que sais-je ?

Sa Sainteté dut se contenter d'une chemise de fine batiste, brodée et parfumée. Ah ! dame ! elle était bien un peu décolletée ; mais bah ! c'était une chemise blanche !

Une fois à Naples, les dames de la noblesse et de la haute bourgeoisie passèrent nuit et jour à confectionner un trousseau au Saint-Père.

Les femmes du peuple lui tricotèrent des bas.

*
* *

Lorsqu'à Rome la nouvelle de la fuite du Pape se répandit, ce furent des pleurs et des protestations.

Le peuple accusa de trahison les meneurs. Il redemanda son Saint-Père à grands cris ;

ce ne put être que longtemps après, le 4 février 1849, que la déchéance du Pape, comme souverain temporel, fut décrétée. E l'on eut bien soin, dans ce décret, par respect pour les sentiments populaires, de conserver au Pape toutes ses prérogatives en tant que chef de la chrétienté, espérant ainsi le rappeler dans sa capitale par des semblants d'autorité.

Mais Pie IX fut inébranlable. Il ne consentit à rentrer dans Rome que le 2 avril 1850, s'appuyant sur une armée forte et dévouée, qui assurait au Souverain-Pontife la plus entière indépendance.

III

Je reproduirai ici la version officielle de l'exaltation de Pie IX au trône de saint Pierre, car il court à Rome à ce sujet une légende un peu différente, et si je la relate, c'est plus à cause de sa bizarrerie que de sa vraisemblance.

Version officielle... « Partout on disait
« hautement que le veuvage de l'Église se
« prolongerait longtemps. Les influences
« contraires de la France et de l'Autriche ne
« devaient pas peu concourir à cet état de
« choses... La ville était dans la stupeur,
« lorsque tout à coup un grand cri partit du
« Quirinal. Le Pape était nommé.

« Quelques heures avaient suffi pour har-
« moniser tous les éléments contraires. Le
« sacré collége, cinquante et une fois divisé,
« s'était rallié unanimement dans une de ces
« pensées mystérieuses que Dieu seul peut
« susciter au cœur de ses apôtres. Dieu, dé-
« jouant toutes les prévisions humaines, ve-
« nait de faire éclater magnifiquement sa
« puissance. Ainsi tous les cœurs ont été
« providentiellement changés. Tous les es-
« prits divisés se sont réunis dans un vote
« unanime, et ce résultat a été si rapide, si
« imprévu, qu'on a presque hésité à le pro-
« clamer ! »

Version non officielle. — Le 9 juin 1846, Grégoire XVI était mort.

Le 17 du même mois, les cardinaux se rendirent à Saint-Pierre pour y entendre la messe du Saint-Esprit, et de là au Quirinal, pour former le conclave qui devait donner un successeur au Pape Grégoire XVI.

Comme le plus jeune prince de l'Église, le comte Jean-Marie Mastaï-Ferretti était le secrétaire de ce conclave.

Le conclave était composé de cinquante et un cardinaux. Sept cardinaux évêques, trente-cinq cardinaux prêtres et neuf cardinaux diacres.

Deux partis étaient en présence. Lambruschini pape, Vienne triomphait. Le cardinal Bernetti, représentant le parti romain pur, était soutenu par la France et l'Espagne.

Lambruschini comptait dix-huit votes, Bernetti quinze. La majorité absolue devant être des deux tiers, soit trente-quatre voix; chacune des factions, désespérant de faire passer son candidat, résolut de perdre ses voix plutôt que de les donner au candidat adverse. Dans ce but, les cardinaux, afin d'amener encore un ballottage qui déciderait l'un ou l'autre des deux concurrents à se retirer, résolurent de perdre leurs voix sur des hommes sans précédents politiques et sans ambition déclarée.

Par une étrange coïncidence, le même nom vint à l'esprit de chaque cardinal, et lorsque le cardinal-secrétaire dépouilla les bulletins, à son grand étonnement le premier qu'il retira de l'urne portait son nom, le second aussi, et de même tous les autres.

Au trente-quatrième, qui le faisait Pape, le cardinal Mastaï-Ferretti s'évanouit.

Le Saint-Esprit avait parlé.

*
* *

Alors le cardinal acchi demanda au

comte Mastaï-Ferretti de quel nom on pourrait saluer le Souverain Pontife.

Le nouvel élu répondit qu'il choisissait celui de PIE IX.

Était-ce en souvenir de Pie VII qui l'avait comblé d'une affection particulière, qui l'avait reçu garde-noble, et plus tard, l'avait fait entrer dans la milice sacrée ?

Peut-être ne choisit-il sans hésiter ce nom de Pie qu'en souvenir de celui du dernier Pape martyr, par une vue lointaine de la croix que l'avenir lui réservait.

Tant que dura le conclave, chaque soir le peuple romain attroupé sur la place Monte-Cavallo, regardait d'un œil anxieux l'une des cheminées du Quirinal. S'en échappe-t-il une ou deux bouffées de fumée ? C'étaient des marques de désappointement : Rome n'a pas encore son Pape.

Personne n'ignore que tant que le Saint-Père n'est pas nommé, on brûle, à l'heure de l'Angélus, les bulletins de vote.

Mais, ce soir-là, pas le plus mince filet de fumée ne se mêla à l'atmosphère transparente du ciel, et ce furent des cris et des trépignements de joie. Le canon du fort Saint-Ange tonna.

Rome acclamait Pie IX.

CHAPITRE II

Le cardinal Antonelli

CHAPITRE II

Le cardinal Antonelli

I

Lorsqu'un évêque étranger est nommé cardinal romain, la cérémonie qui précède la prise du chapeau est désignée sous le nom de *Recivimento*.

C'est au palais de l'ambassadeur du nouveau prince de l'Église qu'elle a eu lieu : nobles et transtévérins, tout le monde est admis au *Recivimento*. Inconnu de tous, le cardinal est officiellement présenté à tous par l'ambassadeur de sa nation. De ce jour, les lettres de naturalisation de citoyen ont force de loi. Il peut aspirer à la Papauté.

Lors du *Recivimento* à l'ambassade de France du cardinal Villecourt, — ancien évêque de la Rochelle, — les salons étaient constellés de femmes, princesses par le rang et la beauté; diplomates, officiers français, bourgeois et prélats, gentilshommes de cape et d'épée avaient envahi, ce soir-là, le palais Colonna. Pourtant, malgré l'éclat donné à cette solennité, tout languissait, les conversations s'ébauchaient sans pouvoir prendre forme, les regards s'échangeaient chargés d'ennui.

— Son Éminence le cardinal Antonelli! annonce subitement le maître des cérémonies.

A ce nom, l'aspect des salons se transforme comme par magie : les femmes développent leur robe, se drapent avec recherche dans les dentelles, animent leur bouche du sourire le mieux composé, enluminent leurs yeux de l'éclat le plus attractif. Les hommes se rapprochent du cardinal pour le saluer, — se prosterner même ; — lui, reçoit leurs hommages, naturellement, en grand seigneur faisant peu de cas de leurs salamalecs. Puis, il traverse les salons, s'en va droit à l'ambassadeur, lui serre la main et complimente sa femme, la spirituelle et toute gracieuse comtesse de Rayneval, sur l'élégante distinction de sa toilette.

— Parlez longuement à une femme de son amant, soutenait un jour le cardinal ; avant que vous ayez terminé l'oraison, elle ne songera plus qu'à vous. Avec un mécanicien de Liverpool, je discuterais locomotive et charbon, et j'en ferais mon meilleur ami. Il faut avoir l'esprit de la personne avec laquelle on cause. Son Éminence causerait donc guipures, théâtre ou musique, avec l'ambassadrice, ainsi qu'une coquette parisienne; mais, hélas! un grave diplomate autrichien s'obstine, depuis quelques minutes, à conserver la posture d'une parenthèse. Il y aurait cruauté de la part de Son Eminence à ne pas la fermer. Rome fit un pas vers Vienne.

Heureusement qu'un groupe de femmes entoure le cardinal; elles sollicitent de lui un mot, un simple coup d'œil, un regard contre un sourire, et quel sourire! L'une d'elles, plus audacieuse parce qu'elle est plus belle, s'incline et veut lui baiser la main; Antonelli surprend son intention, la relève et l'embrasse au front.

⁂

Giacomo Antonelli est un homme robuste, de grande taille, à l'allure cavalière, sans hésitation dans les mouvements, et portant haut la tête sur des épaules athlétiques. Ses cheveux sont noirs, coupés en brosse; son front élevé a pour base d'épais sourcils ne formant qu'une seule et même ligne sombre, sous laquelle s'abritent des yeux fauves largement ouverts, d'où s'échappe un regard net, froid, presque douloureux, mais qui peut devenir, suivant l'humeur, d'une affabilité magnétique. Un nez aquilin, aux narines charnues, — pourtant très-mobiles, — une bouche osseuse, vulgaire au repos, presque laide dans le sourire; — l'œil corrige la bouche; — une mâchoire proéminente et étroite, un menton à méplats d'un assez beau dessin, composent un visage dont l'expression générale révèle plutôt le dédain que la fierté, le mépris que la colère, mais surtout une fermeté irréductible.

Il est né le 2 avril 1806 à Sonnino, terre classique du brigandage. Sa famille était pauvre, mais l'on pouvait compter plus d'un chevalier de ce nom mort pour la défense du Saint-Sépulcre. Son père était un bûcheron rude au travail, et la tâche était lourde de nourrir quatre enfants. Un de ses amis offrit de faire entrer son fils Giacomo au grand-séminaire de Rome : il accepta.

Les progrès de l'enfant furent rapides. Une intelligence précoce, jointe à une mémoire exceptionnelle, le fit remarquer de ses maîtres. Grégoire XVI s'intéressa au jeune montagnard, qui devint prélat, puis assesseur au tribunal criminel supérieur, délégué à Orvieto et à Viterbe; enfin, le cardinal Lambruschini, président du conseil des ministres, lui confia le portefeuille des finances.

Le 14 juin 1847, Pie IX, nouvellement élu, lui conféra la dignité de cardinal et le nomma son secrétaire d'État, chargé des relations extérieures.

II

Je n'ai point à donner la formule politique qui régit la conduite du cardinal Antonelli, mais seulement à relater des observations personnelles, qui portent en elles l'interprétation vraie et peut-être l'excuse de cette conduite.

Et si je dis l'excuse, ce n'est pas que j'entreprenne de défendre le ministre de Pie IX, le procès n'est plus pendant, déjà la foule a décrété. Or justement ce qui me révolte, c'est cette condamnation sans enquête, cette *jésuitophobie*, — pour me servir d'une expression qui caractérise bien certaine maladie de l'époque, — qu'affectent les ignorants.

Un bon livre paraît et fait grand bruit. Tout le monde en parle, chacun d'en déchirer une page : combien l'ont lu ? Un homme par la seule raison de la grandeur de son esprit dépasse-t-il le niveau ? — L'insolent ! Ne vous y trompez pas, répétera partout l'envie, ce n'est pas un homme de principes, c'est un homme d'action : des instincts, pas d'idées, beaucoup d'esprit d'intrigue, peu de conviction, voilà le maître qui veut vous diriger !

Et les sots d'applaudir ! Un jeune et brillant écrivain, — fanfaron de libéralisme, — s'est joint à eux. Il a même rédigé contre le cardinal Antonelli, — un inconnu pour lui, — un factum qu'il a cru devoir être victorieux. Hélas ! on s'est refusé à le prendre au sérieux. Le pauvre garçon en a été pour ses frais de gentillesses.

Mais on lui a pardonné bien vite cette gaminerie.

Au premier abord, l'acte d'accusation du cardinal Antonelli semble être foudroyant : immoralité dans la vie privée, népotisme dans la vie administrative, tyrannie systématique dans la vie politique. Voyons les faits articulés dans l'instruction :

Un matin, le cardinal descendait le grand escalier du Vatican, lorsqu'un homme l'arrête et lui présente une supplique.

Antonelli la reçoit, l'ouvre et se disposait à la lire, quand tout à coup, prompt comme l'éclair, il se saisit de la main du solliciteur et lui serre le poignet avec une vigueur telle, qu'il le contraint à tomber à genoux.

La main tenait un poignard.

Le cardinal Antonelli conduisit lui-même cet insensé jusqu'au poste des gardes-suisses.

Ce malheureux, — un enfant perdu du fanatisme, — fut jugé, condamné à mort et exécuté ; une demande en grâce, formée par Son Éminence, n'avait pas abouti. Cet homme laissait une femme et des enfants dans la détresse, le cardinal leur fit une pension.

Un trait d'esprit ! soit. Je le veux bien, mais qu'il y aurait mauvaise foi à retourner contre Antonelli.

* *

Depuis cet incident, le cardinal, assure-t-on, est d'une prudence extrême. Il ne sort qu'en voiture, escorté de carabiniers marchant au grand trot de leurs chevaux ; tant pis pour les maladroits qui ne se garent pas assez vite.

Tout cet attirail de défense me paraît une précaution bien inutile, car rien n'est plus facile que de se rencontrer en tête à tête, seul à seul, avec Antonelli.

Allez un matin, avant onze heures, au Vatican, montez au troisième étage de l'escalier de l'aile droite du palais et donnez votre carte à l'huissier de service. Quand viendra votre tour, un monsignor vous préviendra que Son Eminence vous attend.

La salle qui précède le cabinet du ministre est longue et étroite. Des fauteuils Louis XIV, recouverts de tapisserie à la main, sont alignés le long des murs, auxquels sont accrochés des tableaux à l'huile, — fort mal peints, — représentant des natures mortes. Une crédence vitrée renferme des minéraux et coquillages précieux. Le cardinal en est un collectionneur passionné.

L'ameublement de cette pièce, ainsi que celui du cabinet de Son Eminence, détonne avec l'ornementation grandiose du Vatican. C'est dans un boudoir de trois mètres de côté où se trouve à l'étroit un vaste fauteuil moderne, devant un bureau en acajou, et à la droite de ce bureau une chaise laquée, que le secrétaire d'Etat de Sa Sainteté donne ses audiences privées.

A votre entrée, le cardinal se lève, vous salue et vous invite à vous asseoir ; s'il vous présente la main, c'est ouverte et du côté de la paume, pour que vous la lui pressiez. L'homme d'Eglise a disparu, l'homme d'Etat seul est devant vous.

Antonelli parle avec difficulté la langue française, mais il semble plus gêné par l'accent que par la forme, tant sa phrase est claire, absolue, décisive. Toutes ses réponses peuvent se résumer en celle-ci :

« — La chose est-elle possible? elle est

faite; si elle ne l'est pas, pourquoi me le demandez-vous?

Comme on lui faisait craindre une manifestation violente, s'il n'accédait pas aux vœux libéraux du peuple romain, le cardinal répliqua simplement :

— Monsieur, la liberté n'est point une conquête, c'est un droit; seulement, il faut être majeur pour l'exercer.

.*.

Travailleur sans trêve, quand arrive le soir, harassé, brisé par les labeurs et les préoccupations de la journée, le cardinal songe peu à se mêler au monde des insoucieux. Il vit très-retiré, aussi la chronique scandaleuse s'est-elle essayée vainement contre lui. La seule anecdote affriolante est due à l'*imagi-*

native de l'historien badin de la cour de Rome.

Le cardinal Antonelli, raconte-t-il, est l'ami le plus intime d'une princesse romaine, et chaque fois qu'il daigne lui rendre visite, il s'empare tout d'abord des deux mains de la femme; puis, les abandonnant, il examine d'un geste inquisitorial si la belle patricienne ne cache pas sous sa robe un stylet que, — par distraction sans nul doute, — elle pourrait planter dans la poitrine de Son Eminence, comme jadis certaine drôlesse dans le dos d'Alphonse Karr.

L'historiette est-elle vraie? On me permettra d'en douter. L'excellent jeune homme eût-il été reçu chez une princesse née, il serait extravagant de supposer qu'elle l'eût choisi pour confident.

D'ailleurs, le cardinal Antonelli a l'œil

trop pénétrant et surtout trop *présent* pour qu'il soit possible d'admettre qu'il ait livré son cœur à une femme à laquelle il n'oserait pas confier sa vie.

⁂

On reproche au cardinal d'avoir disposé en faveur des membres de sa famille des plus hautes fonctions de l'Etat.

Son frère Philippe est directeur de la Banque; Louis, conservateur de Rome; Ange, ministre plénipotentiaire; son cousin Dandini, inspecteur des finances. Le fait de népotisme est constant. Un historien contemporain — libre penseur autoritaire — a relevé le cardinal de ce péché. Ainsi que Saint-Just, Antonelli pourrait désormais répondre à ceux qui l'accuseraient de favoritisme :

— Je ne gouverne qu'avec mes amis !

Un soir, si vous entendez au loin sur le chemin de ronde le tintement lugubre de clochettes discordantes, ne réfléchissez pas, réfugiez-vous au plus tôt dans la première enceinte de bois que vous trouverez sur votre route, car il y va de votre vie. Des centaines de taureaux bondissants et furieux vont passer devant vous dans un nuage de poussière lumineuse, entraînant dans leur course des myriades de lucioles.

Celui qui conduit ce troupeau fantastique est un homme à cheval, armé d'une longue pique, la tête couverte d'un feutre pointu, à larges bords, orné d'une plume de coq ; les jambes nerveuses sont enserrées dans de hautes guêtres de cuir, le torse pris dans une veste faite de peau de bique.

Arrivé à la porte del Popolo, cet homme abandonnera la conduite du troupeau jusqu'aux abattoirs, — situés à deux pas de là sur les rives du Tibre, — à un paysan accoutré comme lui ; ensuite il se dirigera vers le Vatican. A la porte, les soldats suisses le laisseront passer ; ils le connaissent. C'est le frère de Son Eminence le cardinal Antonelli. Seul da la famille, il est resté paysan d'allures et d'esprit. Mais si ce paysan venait à manquer, Rome serait affamée pendant plusieurs jours.

Le cardinal regarde avec raison ce frère comme le plus grand économiste pratique des États de l'Église.

III

La réponse au troisième chef d'accusation est tout entière dans l'histoire.

L'histoire apprend que c'est Antonelli qui promulga la constitution libérale accordée le 14 mars 1848 au peuple romain; c'est lui, qui, après la chute du cabinet conservateur Gizzi, Ferretti, forma un nouveau ministère; — ministère qui, pour la première fois, ne sera pas exclusivement composé d'ecclésiastiques, — sur sept ministres, trois sont laïques. C'est encore Antonelli qui décrétera la levée de 18,000 hommes, et qui les enverra, sous les ordres du général Durando, au secours de la Lombardie insurgée contre l'Autriche.

Mais qu'arrive-t-il? Les 18,000 hommes n'ont pas plus tôt quitté les États du Pape, que la révolution s'empare de Rome. Le cardinal ordonne à Durando de revenir sur ses pas, mais le général continue sa route. Le ministre tremble alors d'avoir compromis son maître, et pour rétablir l'ordre, il aurait recours à la force. Le Saint-Père lui arrête la main. Que faire? transiger avec l'émeute? Antonelli ne peut le conseiller, préférable est de quitter la place.

L'exil! va pour l'exil! mais au retour, — à la suite d'une armée étrangère, dont on n'accepte l'appui que comme une nécessité désastreuse, — quelle ne devra pas être la prudence du cardinal. Il connaît le souverain Pontife, il sait les hésitations de son esprit, les troubles de sa conscience, ses douleurs à la seule pensée de ne pas rendre à son successeur, tel qu'il l'a reçu, l'héritage de saint Pierre.

Ce ne peut donc être dans une époque de transition, difficile à traverser, que le cardinal peut continuer l'œuvre de liberté qu'il avait entreprise.

A l'instant où l'on discute la propriété de votre maison, songeriez-vous à l'embellir?

N'assistons-nous pas à l'assaut, que, de toutes parts, lui donnent ses ennemis? Antonelli n'a-t-il pas à lutter contre une politique rivale qui, — sous le couvert du Saint-Siége, — fait de l'orléanisme à Rome.

Qu'une heure de paix et de sécurité vienne à sonner, le cardinal Antonelli ira de lui-meme au devant des réformes. L'avenir prouvera, que la fin de sa carrière politique ne démentira pas ses débuts.

Inébranlable dans la ligne qu'il s'est tracée, rien ne pourra en faire dévier le cardinal Antonelli, ni les manœuvres de ses ennemis, ni les sollicitations de ses amis, ni surtout les conseils des philosophes.

Ministre du Pape, il résisterait même à Pie IX.

Le Saint-Père a un frère, le comte Mastaï, qu'il chérit tendrement. Des dissidences d'opinions les avaient séparés. Il lui fit savoir secrètement qu'il désirait le voir. Rendez-vous fut pris sur la route de Ponte-Mole.

Le comte Mastaï, déguisé en paysan, n'eut garde d'y manquer. Mais au moment où Pie IX descendait de voiture pour aller embrasser son frère, des carabiniers, apostés par le cardinal qui avait eu vent de l'entrevue, — se précipitèrent sur le comte Mastaï, le forcèrent à remonter à cheval et le conduisirent jusqu'à la frontière.

Le soir, Antonelli, interpellé par Sa Sainteté au sujet de cet enlèvement, ne donna pour tout motif que celui-ci :

— Par raison d'État.

III

Un dernier mot fera comprendre comment Son Éminence entend l'éducation des femmes.

On parlait devant lui de la duchesse de R***, que l'on citait comme une des rares femmes sachant garder la foi jurée.

— Je vous crois, répondit le cardinal Antonelli, et je veux le croire, pourtant... j'ai lu plusieurs lettres de la duchesse, et ce qui me ferait douter, c'est... qu'elle ne fait pas de fautes d'orthographe.

CHAPITRE III

Le cardinal Tosti

CHAPITRE III

Le cardinal Tosti

I

La place Montanara est un des coins de Rome les moins fréquentés par les étrangers. C'est là, vous diront-ils, qu'on assassine journellement huit ou dix personnes ; c'est à l'entour de la Montanara qu'ils placeront le récit de quelques drames lugubres et sanglants où, grâce seulement à un sang-froid britannique, ils auraient échappé à une mort inévitable.

Un samedi soir, je me rendis à cette si redoutée place Montanara. Je savais, que ce jour principalement, les gens de la campagne et des faubourgs trastévérins s'y donnent rendez-vous pour des transactions de toutes sortes.

A l'un des côtés de la place se trouve l'amphithéâtre de Marcellus, dans les murs duquel ont été creusés de nombreux petits taudis obscurs et humides, d'où sortent, à tout instant, des gerbes d'étincelles. Devant les portes sont étalées pêle-mêle : faux, faucilles, tenailles, bêches, etc., qui dénoncent la profession des propriétaires de ces misérables réduits.

La plupart sont taillandiers. Chez eux vous vous procurez, à vil prix, de bonnes et fortes lames emmanchées dans un grossier morceau de corne de buffle. Là s'approvisionnent d'instruments aratoires les paysans romains; là aussi ils se pourvoient de fusils, poudre, couteaux, sabres, etc. Vous pourriez, en moins d'une heure, y équiper dix mille hommes. La place Montanara est le dock général du brigandage : c'est là qu'il s'arme.

A Rome, tout le monde porte un couteau, c'est vrai, exactement comme un gentleman du café Riche porte un lorgnon, par genre...

Pourtant, va-t-on me dire... Je sais ce qu'on va dire : C'est faux. On ne reçoit pas plus de coups de couteau à Rome qu'on ne reçoit de coups de poing à Paris. Pourtant... il est certain que si vous allez faire le beau fils à un bal de barrière, vous récolterez sur l'œil l'empreinte d'une main qu'on aura négligé d'ouvrir. De même, je ne vous engage pas à examiner de trop près la chevelure luxuriante, qui forme un colback fantastique et parfumée sur la tête fière et provocante d'une jeune trastévérine ; et surtout ne soyez pas tenté de vous assurer par vous-même que cette chevelure est bien à elle.

Car place Montanara, vous coudoyez des gaillards d'une susceptibilité, dame ! d'une susceptibilité excessive. Je vous l'accorde ; que voulez-vous, tous bons et braves garçons, mais ayant une horreur instinctive de toute *fraternisation*.

De l'autre côté de la place, à la lueur d'une vingtaine de lampions fumeux, est un des plus célèbres bureaux de loterie :

PRENDITTORIA DI LOTTE.

En français : bureau de distribution des

lots, ce qui donnerait à penser que ce bureau ne distribue que des billets gagnants.

Avez-vous fait cette nuit un mauvais rêve, ou un bon? vite, entrez dans le bureau et demandez le livre des songes. Est-ce une araignée qui a troublé votre sommeil? elle est favorable au terne 21, 27, 64; l'hippopotame au 2, 59, 90; la perte d'un oncle au 5, 10, 31; saint Joseph est l'ami du 17; saint Chrysostôme du 39. Le jour de la Saint-Pierre, toute la ville de Rome en masse joue sur 3, 9, 81.

Un matin, je revenais de la gare de Civita-Vecchia; au tournant de la rue de la Longara, un homme est violemment heurté par la roue de ma voiture. Je saute à terre et demande à voir le blessé. Personne ne daigne me répondre. Après quelques pourparlers avec le cocher, deux hommes se détachent de la foule et grimpent dans la voiture, puis se mettent à la fouiller avec une incroyable avidité.

Inquiet, j'allais en appeler à la force publique, lorsque tout à coup cette populace, ameutée par l'accident, se disperse en criant : 79 ! 79 !

— Pourquoi ces cris de joie : 79 ! 79 ?

— Eh ! signor, me répliqua mon cocher, étonné de mon étonnement, mon cheval vient de renverser quelqu'un : c'est bon signe.

— Vous trouvez ?

— Certainement, c'est un présage ! Et quel heureux présage ! jambe cassée, et la gauche encore ! Le coup est sûr ! Avez-vous vu comme ils retournaient les coussins de ma voiture ? c'était pour découvrir le numéro.

— Et vous dénoncer à la police?

— Me dénoncer! moi? non, signor, pour gagner à la loterie donc! en jouant le 79. Mais ils n'ont trouvé que le mauvais; seul j'ai le bon, le voilà.

Et soulevant une petite planchette, il me fit voir un numéro. C'est 19, reprit-il, et non 79; seulement j'ai surchargé le 1 et j'en ai fait un 7, pour qu'à l'occasion je sois seul à prendre le vrai. On ne sait pas ce qui peut arriver; ce n'est pas pour dire du mal de la loterie, Dieu m'en garde! mais enfin..., si tout le monde jouait sur le même numéro... vous me comprenez, suffit.

II

Un samedi soir donc, je flânais place Montara, allant d'une boutique à l'autre, considérant avec curiosité ces hommes à l'aspect burlesque et grave à la fois, grouillant et discutant à la porte de la loterie et des marchands de friture, quand mon attention fut attirée par des paysans et des transtévérins groupés autour d'un homme.

Cet homme était vêtu d'un habit noir à la française; ses bas étaient d'un rouge sombre, et sa calotte devait avoir été écarlate. Beau vieillard, de haute taille (six pieds au moins), aux épaules larges et musculeuses, sur lesquelles retombaient d'abondants cheveux blancs; sa figure respirait une bonté pleine de cordialité. Des rides profondes attestaient son grand âge, mais son œil noir était resté jeune et d'une vivacité extrême ; sa voix fortement timbrée, ses gestes impératifs.

En ce moment il parlait au peuple, et le peuple semblait l'écouter avec un respect mélangé d'admiration. C'étaient des rires, des cris, des vivats qui témoignaient des sympathies de la foule.

Derrière lui se trouvaient deux laquais d'assez piètre apparence.

— Eh bien ! les enfants ! les récoltes sont-elles bonnes?—Oui.—Et le vin?—Bon.—Tant mieux. Le vin se marie bien avec la sueur du travailleur. Le bon vin donne la gaieté, et la gaieté c'est l'âme de la vie. L'homme gai ne peut être un grand pécheur... La tristesse ! un péché, vilain péché, péché mortel. Aussi n'est-on gai que lorsqu'on remplit ses devoirs de chrétien; et quant à ceux qui vont au cabaret le dimanche, à ceux-là je dirai : vous fêtez le diable, et le diable vous empoisonnera. Demain qu'on soit exact aux offices, et si vous n'avez pas d'argent pour prendre des bains, en voilà, canaille! et lavez-vous les pieds; on ne doit entrer que sain d'esprit et de corps dans la maison du Seigneur.

Et le bon prélat de jeter des baïocchi dans le tablier des femmes qui venaient lui demander sa bénédiction.

Puis il remonta lestement dans sa voiture pour échapper aux remerciements.

— Quel est cet homme? demandai-je à un voisin.

— Cet homme? vous ne le connaissez pas? C'est le père du peuple, Son Éminence le cardinal Tosti. Il a quatre-vingt-sept ans, mais encore bon pied bon œil, comme vous avez pu le voir. Depuis vingt-sept ans qu'il est cardinal, il n'a jamais quitté une heure durant sa chère ville de Rome. Né parmi nous, à Rome, d'une pauvre famille transtévérine, tout seul, sans parents ni amis influents, il a dû à son seul mérite, à sa vaste intelligence de siéger parmi les princes de l'Église.

Le cardinal Mezzofanti, qui, vous le savez, parlait vingt-deux langues, avait pour le cardinal Tosti une estime particulière.

— Tosti, disait-il, n'a pas besoin d'apprendre, il devine : c'est le seul homme capable de causer avec le Saint-Esprit.

Très-simple dans la vie, Son Éminence a constamment refusé toute situation politique qui lierait, si peu que ce soit, son esprit d'indépendance. Il aime passionnément les livres. Aussi, la seule fonction qu'il ait sollicitée, c'est celle de bibliothécaire du Saint-Siége. Amateur de musique, musicien lui-même, il est l'un des protecteurs les plus actifs de l'Académie de musique, placée sous l'invocation de sainte Cécile.

Théologien de premier ordre, il est directeur de l'Université de théologie romaine. Latiniste délicat, il ne peut se défendre d'une sympathie irrésistible pour Horace.

— Quel aimable homme! s'écria-t-il un jour en parlant de l'obligé de Mécène. Ah! si je l'eusse connu! à la seconde bouteille nous aurions fait une paire de chrétiens.

D'un caractère enjoué, jovial parfois, il aime ce peuple d'où il est sorti, et il en est aimé. C'est lui qui dirige l'opinion publique à Rome, et rien ne se décide au Vatican sur la politique intérieure qu'il ne soit consulté, car le Pape sait que le cardinal Tosti connaît mieux que personne les vrais intérêts du peuple, et qu'au besoin déjà il a servi de trait-d'union entre saint Pierre du Vatican et saint Pierre *in Montorio* : le Peuple et le Pape.

III

En 1849, la plupart des cardinaux quittèrent Rome et allèrent rejoindre le Pape à Naples.

Le cardinal Tosti, lui, ne put se résigner à abandonner ses chers Romains. Il espérait peut-être les ramener. Il resta.

Lors du bombardement et de l'assaut donné à la ville par l'armée française, à la porte Saint-Pancrace, tous, Romains et Français furent vivement impressionnés par le courage, la témérité devrais-je dire, d'un prêtre, allant d'un blessé à l'autre, romain ou non, donnant l'absolution *in extremis*, et cela au plus fort de la mêlée. Or, le cardinal Tosti, car c'était lui ce prêtre, avait fort à faire, tant la mort fauchait dru dans les rangs des deux armées.

Il m'a même été dit que le cardinal Tosti reçut au visage un souvenir de cette chaude promenade. Mais si vous lui demandez l'origine de la balafre qu'il porte au menton, Son Éminence traitera son barbier de maladroit.

*
* *

Les revenus du cardinal Tosti ne s'élèvent pas à 15,000 francs par an, et sur ce maigre budget il faut défalquer l'entretien d'un palais, de huit domestiques, de quatre chevaux et de plusieurs servants et secrétaires. Aussi la sobriété d'anachrorète de Son Éminence serait peut-être autant une nécessité d'économie qu'une discipline du corps.

Sans être ennemi du progrès, le progrès le laisse insensible, et de même que les enfants du sol, il ne se préoccupe que du produit du sol.

— Tout peut disparaître et disparaîtra sur cette terre, répondit un jour le cardinal Tosti à quelqu'un qui lui parlait *révolution*, tout, excepté le pain et le vin, parce qu'il en faut pour dire la messe, et que l'on dira toujours la messe.

CHAPITRE IV

Monseigneur de Mérode

CHAPITRE IV

Monseigneur de Mérode

I

Ménage, dans son dictionnaire étymologique de la langue française, au mot *Marode* ou *Maraude*, prétend que la locution aller en maraude, d'où maraudeur, provient de ce que « feu le comte de Mérode, seigneur
« flamand de grande maison, servant dans les
« armées de Ferdinand II, ne campait jamais
« avec les troupes, et cherchant toujours des

« maisons éloignées du camp où il était logé,
« faisait contribuer ceux qui les habi-
« taient. » « Et à l'heure où j'écris, ajoute
« Ménage, qui est le 7 août 1690, j'apprends
« que le maréchal de Luxembourg, à cause
« de cette étymologie, dit toujours : aller en
« mérode, au lieu de dire aller en ma-
« rode. »

Monseigneur Xavier de Mérode, fils du comte Ghislain, marquis de Westerloo, prince de Rubempré et d'Everberg, ancien ministre sans portefeuille du roi des Belges, descend directement de ce célèbre Mérodeur. Il est né en 1820.

Son frère, le comte Werner, a été député du département du Doubs en 1846, puis représentant du Nord aux assemblées constituante et législative de 1848 et 49.

Dernièrement encore, il se portait en concurrence au candidat du gouvernement dans le Doubs, et échouait dans sa tentative, ainsi que son beau-frère, le comte de Montalembert, marié avec sa sœur Anne.

D'abord officier belge, attaché à l'état-major du maréchal Bugeaud, Monseigneur de Mérode, décoré par lui, quitta brusquement l'uniforme pour la soutane, à la suite d'un duel malheureux pour son adversaire.

Depuis longtemps, le pape avait distingué monseigneur de Mérode parmi ses plus chauds et ses plus intelligents défenseurs. Il l'aimait surtout pour la franchise, la fermeté, presque la rudesse de son caractère. Comme lui, ancien militaire et voyageur érudit, Pie IX sympathisa d'esprit avec ce jeune ministre, homme d'action avant tout, et se pliant mal aux habiletés autrichiennes.

Peu d'années après, il se l'attachait en qualité de camérier secret.

Hier encore, et lorsque les intérêts du Saint-Siége se discutaient courtoisement entre des diplomates aimables, Son Éminence le cardinal Antonelli, dirigeait trop habilement la partie, pour qu'il eût jamais à craindre qu'il n'eût pas justice quand même de ses adversaires.

Mais à cette heure, les masques ne tiennent plus à la face que par un fil; sincères ou non, les haines affectent de se montrer au grand jour; on se compte dans le Corso, et l'on échange les cocardes aux trois couleurs. Les cris de *vivat Verdi!* retentissent parfois de la place de *Venizia* à celle *del Popolo*.

Les gendarmes pontificaux ne peuvent se méprendre sur la signification de ces vivats en l'honneur du compositeur populaire; ils savent, comme tout le monde, que ce mot *Verdi*, peut se traduire par cette phrase : Victor Emmanuel, Roi d'Italie.

Lorsque Monseigneur de Mérode sollicita du Saint-Père l'honneur périlleux d'être son ministre de la guerre, c'est qu'il avait compris que ce n'était plus de la plume, mais d'une arme mieux trempée qu'il fallait faire devoir d'homme.

Aussi, vers lui seul, en ce moment, à Rome, les attaques sont-elles dirigées! Lui seul assume les colères et les calomnies.

C'est l'homme de la situation.

II

Vous êtes à Rome. Chacun vous parle de la cordialité, de la tournure originale de l'esprit de Monseigneur de Mérode. Vous désirez le connaître. Tout Français est certain d'être accueilli par lui à bras ouverts.

Vous vous rendez donc au ministère des armes, — situé place della Pilota, à côté des jardins du palazzo Colonna, occupé par l'ambassade de France. Vous entrez bravement.

Bravement, c'est le cas de le dire; car, au premier coup d'œil, on se croirait plutôt dans une caserne de carabiniers que dans le palais d'un prélat de grande maison.

Au rez-de-chaussée : des écuries pleines de chevaux, des cours encombrées de soldats, palefreniers, estafettes arrivant au grand trot ou partant bride abattue.

Après l'écurie, le corps de garde.

Au premier, une chambre faiblement éclairée par une dizaine de petits cierges, qui se consument en l'honneur d'une Vierge aux langes, — pitoyable copie d'un assez mauvais tableau de Sassaferrato. — Dans cette chambre, des soldats, les uns étendus sur des lits de camp, les autres fumant, jouant ou causant à voix basse.

— Son Excellence le Ministre?

Un sergent de planton répond par un geste, et, suivant la direction de son bras, vous pénétrez dans une vaste salle d'attente, où se trouvent déjà un grand nombre d'officiers de tous grades et de tous pays : une vraie chambrée de la tour de Babel.

Tout à coup une porte s'ouvre et donne accès à un homme de haute taille, vêtu d'une soutane devenue couleur de rouille par l'usage et sans autre ornement distinctif qu'un rabat d'un violet douteux.

C'est Monseigneur de Mérode.

Il traverse rapidement la salle, échangeant avec les officiers des saluts et des poignées de main, adressant à l'un un mot affectueux, à l'autre un reproche amical.

Soudain il vous aperçoit. Il vient à vous.

« — Ah ! monsieur ***, on m'a parlé de
« vous... Je vous attendais, entrez dans mon
« cabinet. »

Une table en chêne ouvré, quelques chaises garnies en crin, d'immenses cartes stratégiques d'un travail exquis, de lourds dossiers, des livres, des journaux, çà et là répandus sur le parquet, l'*Indépendance*, le *Monde*, le *Figaro*, la *Gazette*, le *Siècle*, la *Revue des Deux-Mondes*, le *Charivari*. M. de Mérode sait tout, voit tout, lit tout.

Tel est l'ameublement assez incomplet et désordonné de ce cabinet.

* * *

L'audience commence. Entre un officier qui vient prendre des ordres.

Monseigneur lui parle avec une verve qui tient de la fièvre. Tout en causant, il tire machinalement de son fourreau l'épée de l'officier. Il la fait plier sur le parquet, se met en garde, la fait plier de nouveau, fait un faux mouvement, l'épée se casse.

« — Mauvaise arme! dit-il sans se trou-
« bler. Mauvaise arme! Excellent soldat! Je

« vous enverrai la mienne. A ce soir, capi-
« taine! »

Très-grand, maigre, sec, anguleux, Monseigneur de Mérode, l'esprit continuellement en ébullition, a les gestes turbulents et saccadés. Il semble ne pouvoir tenir en place; il parle en marchant, en sautant même, allant de ci de là, d'une chambre à l'autre comme préoccupé par une idée fixe dont il trouvera la solution là où il n'est pas.

Puis s'arrêtant brusquement, il se frappe le front, et s'écrie :

« Maladroit que je suis d'avoir pris à
« droite, c'est à gauche qu'il fallait aller !
« n'est-ce pas, c'est votre avis... Ah! oui !...
« c'est bien vrai !... vous avez raison! nous
« avons eu tort ! au revoir ! cher ami... ah !
« que j'ai besoin de vous voir !... nous cau-
« serons, n'est-ce pas ? vous me donnerez un

« conseil, un conseil ?... non, pas de conseil !
« les conseils ? ce n'est pas de cela que nous
« manquons, mais de fusils !... Avez-vous
« des fusils ? et des hommes pour les porter ?
« Oh ! la France !... quel dommage !... vous
« êtes Français ! ah ! mon cher ! quel beau
« pays ! si l'on pouvait ?... Pourquoi pas !...
« Oh ! quelle idée !... A bientôt, cher ami !
« sans adieu !... Non, restez !... ah ! vous
« m'en direz des nouvelles !... Parbleu, je
« suis un sot personnage, il y a huit jours
« que j'aurais dû faire cela !... »

Et l'audience, que vous avez obtenue à
grand'peine, se passe en points d'interroga-
tion qui ne demandent rien et auxquels on
ne saurait répondre, sans que vous ayez eu
le loisir d'exposer le motif de votre visite.
Trop heureux si à la sortie vous parvenez
à faire glisser de vos mains dans celles

de Monseigneur de Mérode vos lettres de créance, tant son cerveau est bourrelé d'affaires.

A peine s'est-il saisi de votre lettre qu'il en déchire l'enveloppe, parcourt vivement le contenu, et se contente de vous dire :

« — Une présentation par lettre, inutile,
« votre figure suffisait... Vous entrez au ba-
« taillon ? c'est convenu !... »

— Mais non, observez-vous timidement, mes goûts ne me portent pas vers la gloire des armes.

« — Ça ne fait rien, vous avez tout ce
« qu'il faut pour faire un beau soldat. »

— Mais...

« — J'en parlerai au Saint-Père. »

— Ah ! Monseigneur...

« — Pas de remerciements, je ne fais que

« mon devoir de chrétien, et vous aussi...
« Je vous mettrai là-dedans ! »

Et il frappa de la main sur un volumineux album plein de cartes photographiques.

Ce sont les portraits de tous les hommes de bonne volonté qui ont pris du service dans l'armée pontificale.

Au-dessous de chaque portrait est un numéro, et plusieurs portent en marge des observations de ce genre : *Tué à Loretto. — Bon soldat, mauvaise vue. — Amputé du bras gauche,* etc., etc.

Tandis que vous feuilletez l'album, le ministre a disparu dans la chambre à côté. Vous jetez involontairement un regard indiscret, et vous apercevez, à la lueur de deux petites lampes suspendues aux côtés d'un christ en ivoire, une planche sur deux tréteaux en fer, sur cette planche un mince matelas, mal dissimulé par une simple couverture.

C'est le lit de Monseigneur de Mérode.

Il reparaît un manteau sur le bras, entr'ouvre la porte, appelle son domestique :

« — Giacomo!... Giacomo!... vous verrez
« qu'il ne viendra pas. Oh! ces Italiens! »

Il sonne. Le cordon lui reste à la main.

Giacomo paraît un quart d'heure après. Pendant ce temps, Monseigneur calcule, sur le coin d'une table, debout, le pied sur une chaise, combien coûterait l'équipement d'un bataillon. Et vous pouvez tenir pour certain qu'il n'oubliera pas dans le détail le prix d'un bouton de guêtre.

« — Ah! vous voilà, Giacomo, faites at-
« teler. Je vais au Vatican. Au Vatican? non,
« non, pas au Vatican! Des chevaux de poste,

« je pars pour Viterbe ; et l'on verra ! Ah !
« que l'on consigne le bataillon à la ca-
« serne. »

Le bataillon, — son bataillon, — les zouaves, — les siens, — ceux qu'il a eu tant de mal à former, à organiser en armée régulière, et qui se sont admirablement battus à Castel-Fidardo.

« — A propos ! dites à Saintenac de se
« tenir prêt. Saintenac, le bel homme ! et
« les dragons ? Oh ! les dragons, le beau
« corps ! vous les connaissez, mes dragons ?
« J'en ai cent vingt ! Oh ! les dragons ! »

Cette activité fiévreuse, maladive, ces courses implacables, la nuit, en voiture, à cheval ; ces fureurs, ces défiances surtout, s'expliquent par un ardent désir d'ubiquité : là où il sera, le mal sera vaincu.

Il croit en lui !

Il pense, le courageux Monsignor, qu'il est un moyen, une façon, un faire d'arranger les choses d'un peuple, ainsi qu'un général d'armée, sur la fin d'une bataille, décide de la journée par un éclair de génie, ou comme un banquier embarrassé relève ses affaires par un coup d'audace ou d'habileté heureuse.

Et, s'étant proposé d'arranger les affaires du Saint-Siége, il repousse tout concordat.

III

C'est lui qui songera à organiser autour du Saint-Père un bataillon sacré.

A ces soldats, il faut un chef.

Monseigneur de Mérode fait appel aux grands cœurs de tout pays.

Qui plus digne de commander ces nouveaux croisés que le général de Lamoricière, illustre homme de guerre, gentilhomme et proscrit?

Autour de M. de Lamoricière, à la voix de Mgr. de Mérode, se groupent les Pimodan, les Gontaut, les Larochefoucault, les Montmorency, les Bourbon-Chalux, etc., etc.

M. le comte de Chevigné, nature nerveuse, d'apparence chétive, mais d'une intelligence subtile et d'une fermeté inflexible, sera leur chef d'état-major ; — **M. de Mortiller** et le prince Odeschalchi, les officiers d'ordonnance du général.

Monseigneur de Mérode forme de ces gentilshommes une sorte de garde du corps, et leur donne un costume réglementaire : — képi rouge, spencer bleu foncé, pantalon garance à bande noire, le **tout orné** des insignes de sous-lieutenant.

Le commandement en est donné à **M. le comte de Bourbon-Chalux.**

Un officier français, directeur du parc d'artillerie de l'armée d'occupation, M. de Blumenthil, se charge, comme colonel d'artillerie, d'organiser et de monter huit batteries complètes.

En quelques jours, **M. de Mérode** parvint

à réunir et à enrégimenter huit à neuf cents hommes qui constituèrent le bataillon des zouaves pontificaux sous les ordres de M. de Charette.

Parmi ces zouaves, citons MM. d'Albiousse, de Villebrun, de Villèle, de Goesbriant, de Becdelièvre, de Villiers, de Moynier, de Gueltno, de Doudeauville... et combien d'autres que j'oublie, qui endossèrent la simple casaque du troupier.

Dois-je dire les difficultés sans nombre que l'enrégimentation de pareils hommes dut susciter à Monseigneur de Mérode? Chacun voulait porter l'épaulette, et pensait y avoir droit. M. le ministre des armes, malgré son excessive bienveillance, et peut-être à cause de cette bienveillance même, se refusa à confier les commandements à ceux qui ne pouvaient donner que leur grande naissance comme garantie de leur science militaire.

M. de Cathelineau, à la tête de soixante jeunes gens, arrive à Rome, et demande à Mgr. de Mérode de l'admettre, lui et ses hommes, comme troupe irrégulière, — sorte de condottieri. Le ministre refuse. M. de Cathelineau ne sachant que faire, s'adresse au cardinal Antonelli, qui les loge aux frais du Saint-Père, au couvent du Retiro-Sacro.

Mais cette situation anormale, ambiguë, ne peut se prolonger longtemps, et M. de Cathelineau, désespérant de vaincre la résistance de Monseigneur de Mérode, se décide enfin à s'incorporer avec ses amis dans le bataillon des zouaves.

Actuellement le bataillon des zouaves pontificaux compte douze cents hommes aguerris et bien disciplinés, et qui, mieux encore, sont prêts à se faire tuer jusqu'au dernier, pour la défense de la Croix.

*
* *

Monseigneur de Mérode fit frapper des médailles commémoratives du combat de Castel-Fidardo ; il en a décoré ses zouaves.

Il a couru, au sujet de cette médaille, un mot assez plaisant d'un mauvais drôle.

— Tiens! tiens! une médaille en l'honneur de Castel-Fidardo, la chose est originale! On ne connaissait que le revers de la médaille, nous saurons maintenant ce que c'est que la médaille du revers.

CHAPITRE V

L'armée d'occupation

CHAPITRE V

L'armée d'occupation

I

On rencontre fréquemment à Rome, debout et prêchant huché sur une borne, un jeune moine à l'œil ardent, à la parole vibrante, aux gestes emphatiques et désordonnés.

A ses côtés sont deux fraters, portant, l'un un immense crucifix en bois noir, l'autre une petite lanterne allumée au bout d'un long bâton.

Ce moine est un jeune homme destiné aux missions étrangères, et qui s'exerce à prêcher en langue chinoise, japonaise ou malgache. Son auditoire se recrute en grande partie dans les rangs de notre armée. Personne ne comprend un traître mot, tout le monde écoute avec le plus comique recueillement. Les sapeurs, surtout, semblent prendre au sermon un intérêt très-vif. Leurs yeux attentifs suivent avec angoisse les mouvements désespérés du prédicateur.

A de certains moments, le sapeur n'y tient plus ; l'émotion le gagnant au récit d'infortunes bien cruelles, — à en juger par les cris, les soupirs et les contorsions du futur missionnaire, — il laisse échapper une lourde larme, qui roule de son œil sur sa longue barbe, — orgueil du régiment.

Cette larme est un signal. Le jésuite redouble de *furia* oratoire, et l'assemblée tout entière, tambours, grenadiers, Romains même, imitent le sapeur français.

Avant l'occupation de Rome, les malheureux prêcheurs en plein vent ne soupçonnaient guère que le chinois fût une langue si compréhensible et surtout si attendrissante, car jadis les Romains les laissaient véritablement parler dans le désert ; mais ils sont maintenant convaincus que le soldat français est non-seulement fort religieux, mais aussi fort érudit. D'ailleurs, personne n'est plus assidu, ni plus respectueux que nos troupiers dans les églises, les jours de grande cérémonie.

Ils appellent cela tuer le temps.

*
* *

Allez, aux Thermes de Caracalla, à la galerie Borghèse, au Capitole, partout vous coudoierez l'uniforme français.

La *Transfiguration* de Raphaël a particulièrement captivé les faveurs du pantalon rouge. A toute heure de la journée, au Vatican, nos hommes montent une garde volontaire et nombreuse devant ce tableau.

Doué de la merveilleuse faculté de s'assimiler les mœurs, les habitudes et jusqu'au angage du pays où il campe, le soldat français — individuellement — a su, grâce à la souplesse de son esprit, à sa cordiale gaieté, se faire accepter d'une population qui, de prime abord, lui était peu sympathique.

Le haut clergé et la noblesse considèrent notre armée comme une nécessité. Ils l'acceptent.

La bourgeoisie — n'osant publiquement se déclarer ni pour ni contre nous —

se tient sur la réserve, boude et nous subit.

Le peuple lui, plus sincère et plus courageux, a loyalement fraternisé avec nos soldats. Et le dimanche, si vous pénétrez dans une des mille *osterii* — cabarets qui encombrent les faubourgs — vous y verrez nos soldats, buvant avec les trastévérins, chantant et dansant avec leurs femmes et leurs filles.

Quelque temps après notre venue à Rome, si, le soir, en faisant l'appel à la caserne, on avait à constater la disparition d'un homme, le lendemain on relevait le malheureux la poitrine trouée d'un coup de couteau.

Mais à cette époque, le Romain ne voyait dans le drapeau tricolore que le symbole de sa défaite, dans le soldat qu'un oppresseur.

La justice militaire répondit sommairement à ces attentats.

Un ordre du jour du général Rostolan enjoignit aux habitants de n'avoir plus à porter sur eux aucune arme, sous peine d'être traduit devant un conseil de guerre.

Un soir, deux gendarmes aperçoivent à la porte du café *Delle Convertite*, dans le Corso, le marquis D..., jeune homme de vingt-cinq ans à peine, se curant avec affectation les ongles avec un poignard.

Les gendarmes l'arrêtent et le conduisent au fort Saint-Ange. Leur prisonnier appartenait à l'une des plus illustres familles romaines ; influences, prières, promesses, tout fut mis en œuvre pour le sauver. Le général fut inflexible.

Néanmoins, personne n'en voulut au général de sa fermeté. En pareil cas, la clémence eût été de la faiblesse, presque de l'injustice. La loi n'est pas une toile d'araignée où les mouches se prennent, mais que peuvent traverser impunément les grands oiseaux.

Le marquis D... fut la dernière victime d'un patriotisme mal entendu.

De ce jour, si, dans les faubourgs de Rome, il s'échange parfois quelques coups de couteau, l'esprit de parti n'a rien à y voir. Une femme vous donnera mieux le motif de la rixe, car c'est pour elle qu'on en découd.

II

Les officiers sont moins mêlés à la famille romaine; ils vivent entre eux, et ne voient en fait d'Italiens que ceux chez qui ils logent. Le brosseur sert d'interprète. Le service, le théâtre, le cercle absorbent tout leur temps.

A l'exception du *Moniteur*, de *l'Indépendance belge*, de *l'Illustration* et des feuilles ultramontaines, peu de journaux politiques pénètrent dans les cafés romains; mais au Cercle français, — situé place Colonna, au centre de Rome, dans un vaste palais, — journaux, livres interdits, tout est reçu.

— Rome ? vous diront certains officiers, — bon casernement, jolies femmes, peu de service, haute solde, bons cigares, excellente garnison, quoique la campagne ne compte pas double. Le Colisée ? Beau monument ; il faut voir cela ; mais je préfère la Maison carrée.

D'autres vous diront : « Lorsque arrive l'ordre de rentrer en France, au lieu de joie, on éprouve, au contraire, un navrement bizarre et inexplicable. » Pour ceux-là Rome restera la ville aimée et toujours désirée. C'est là qu'à la fin de leur carrière ils retourneront, ainsi qu'à la maîtresse de leur cœur.

L'un d'eux reporta sur la Piccolomini, *prima donna assoluta* du Théâtre Apollo, le trop-plein de son enthousiasme, et lui écrivit une épître fulgurante, dans laquelle il lui déclarait qu'il se tuerait, si elle ne consentait pas à accepter son amour et son nom.

— Dites-moi, mon brave garçon, — demanda la diva au brosseur, porteur du poulet, quel âge et quel grade a votre officier ?

— Mon lieutenant a vingt et un ans.

— Très-bien ! veuillez lui répondre de ma part que j'ai lu sa lettre, et que je suis fort honorée de l'offre flatteuse qu'elle contient, que rien encore n'est désespéré ; mais qu'il sera temps de songer à la chose lorsqu'il passera colonel.

*
* *

C'est la municipalité qui pourvoit aux logements des officiers. Elle leur donne de vastes et coquettes habitations ; aux grosses épaulettes, de somptueux palais. Les vivres sont à vil prix. Une bécasse en salmis, dans le meilleur restaurant, coûte huit *baïocchi*, un peu moins de neuf sous. Toute l'alimentation de l'armée, farine, épices, vins, entrent en franchise. Les droits de douane sont lettre morte. Le café se débite à dix centimes la tasse. Les cigares premier choix — dits *celti* — à huit centimes ; la seconde qualité à deux centimes. Le vin du crû à cinq *baïocchi* la *fiaschette*, — un litre. On comprendra, d'après ces chiffres, que le soldat se trouve bien à Rome, et regrette d'en partir. Voilà la seule garnison où le sous-lieutenant de Scribe aurait pu acheter des châteaux sur ses économies.

L'armée n'est pas entièrement casernée à Rome; des compagnies en sont détachées à Civita-Vecchia, Frascati, Albano, Terracine, etc., etc.; et si pendant l'été le Saint-Père habite sa villa de Castel-Gandolfo, c'est à un officier français qu'est confié le commandement de sa garde d'honneur.

Au retour, suivant le grade, le pape confère l'ordre de *Pio-Nono* aux capitaines, et celui de *Grégoire le Grand* aux lieutenants.

***

M. DE CHRISTEN, chef d'une bande de partisans napolitains, est un ancien officier français de chasseurs à pied. — Militaire d'une grande bravoure, estimé de ses camarades, ce fut à la suite d'une entrevue avec François II, à Castel Gandolfo, — après avoir obtenu son congé, — qu'il entra au service de la maison de Bourbon.

***

Je tiens d'un officier l'anecdote qui va suivre; elle donne une idée assez exacte du respect de la population pour certains préjugés, et du trouble que nos mœurs doivent jeter dans les consciences.

*
* *

Un voleur maladroit, en travail dans le Corso, est surpris coupant la dragonne en or d'un capitaine. Aussitôt un carabinier pontifical de poursuivre l'escroc. Mais celui-ci enjambe prestement les degrés de Saint-Charles-Borromée, et disparaît dans l'église. Force est au carabinier de s'arrêter piteusement à la porte de ce lieu d'asile. Ni l'ordre formel de l'officier, ni ses menaces ne peuvent le déterminer à violer la coutume.

Un chasseur français survient, attiré par la querelle. Le capitaine lui ordonne de capturer le filou. Le soldat ne se le fait pas dire deux fois. Il s'élance dans l'église et en ressort peu après tenant vigoureusement son homme au collet. Le voleur crie au sacrilége, mais le chasseur ne l'en conduit pas moins à la police française, au grand ahurissement de la populace ameutée.

Des faits de ce genre bouleversent les idées des vieux Romains entêtés, mais la jeunesse applaudit et le Vatican laisse faire.

III

Le 25 avril 1849, sept mille hommes, sous le commandement du général Oudinot, duc de Reggio, débarquèrent à Civita Vecchia. Leur mission était de réintégrer dans ses États le Pape Pie IX, exilé par la Révolution.

Le 28, commencent les premières opérations du siége. On comptait pouvoir réduire la place en quelques jours.

Le 30, deux compagnies de chasseurs, sous les ordres du commandant Picard, — maintenant général de brigade, — se hasardent jusque sous les murs. Arrivés à la porte San-Pancrazio, ils entendent chanter la *Marseil-*

laise sur les remparts. Bien certainement ce sont des Français, pensent nos soldats. Ils se rapprochent. Une première décharge ne peut les dissuader. Ils la prennent pour un salut militaire. Sans résistance, à leur appel, la porte s'ouvre devant eux. Elle se referme aussitôt. Le commandant Picard et ses 200 hommes sont dans la place. Alors, seulement, ils comprennent qu'ils ont été dupes de sirènes garibaldiennes. Que n'avaient-ils mis du coton dans leurs oreilles, ainsi que les compagnons du sage Ulysse! A l'état-major du général romain on les désarme, et puis on les renvoie courtoisement, chacun une simple badine à la main.

Le 3 juillet, la ville de Rome cède à nos troupes, après un siége dirigé avec une habileté et une modération incontestables par le maréchal Vaillant, nominativement simple général de division, commandant en second l'expédition, mais ayant en réalité la direction effective de la campagne.

*
* *

Le maréchal Vaillant est un militaire trop connu pour qu'il soit utile de noter les nombreux faits d'armes qui le distinguent parmi les officiers de génie de notre armée.

C'est grâce à son tir intelligent que les principaux monuments romains ont été préservés du bombardement.

Un tableau de Raphaël, la *Prédication de saint Paul*, traversé par une balle, la fontaine de l'*Aqua-Paolina*, endommagée par un boulet, un petit temple bâti par le Bramante sur l'emplacement du crucifiement de saint Pierre, dont la façade est un peu meurtrie par l'éclat d'une bombe, furent les seuls accidents que l'on a eu à déplorer après un siége de quatre mois.

Appréciateur passionné des roses, le maréchal en possède une rare et nombreuse collection. Son fanatisme pour les fleurs va si loin, affirmait un de ses amis, que le maréchal Vaillant donnerait toutes les graines d'épinards pour une bouture de rose bleue.

***

Le général Oudinot, après avoir installé son quartier-général au palais Médicis, — Académie de France, — fit prévenir les municipaux romains qu'il désirait les voir pour s'entendre avec eux sur l'administration de la ville.

— Jamais! répondirent les municipaux à l'aide de camp du général, jamais nous n'oserions y aller seuls; en route nous serions assassinés. Emmenez-nous avec des gendarmes, la crosse aux reins, et nous consentons à vous suivre. Au moins, comme cela, nous aurons l'air d'y être contraints.

*
* *

Le général Rostolan, militaire d'une grande énergie, très aimé de ses hommes, mais d'une sévérité inflexible, succéda dans le commandement en chef au duc de Reggio.

Peu de temps après son entrée au pouvoir, il se rendit avec son état-major chez les cinq cardinaux formant la commission exécutive provisoire.

Huit jours s'écoulent. Pas d'Éminences; le général les attend vainement. Le neuvième, il leur fait savoir que si, dans la journée, il n'a pas reçu leur visite, il se verra obligé, — quoique à regret, — pour bien établir le respect dû à son uniforme et à sa position officielle, de les envoyer chercher par un piquet d'infanterie.

Dans le Corso, un soldat l'arrête et lui dit :

— Général! on refuse de nous servir dans les cafés romains.

— Dans lequel?

— Au café *Nuovo*.

— Bien, suivez-moi. Le général entre au café Nuovo, le fait occuper militairement pendant deux jours, et enjoint au propriétaire d'avoir à compléter son enseigne par ces mots :

Café militaire français.

Depuis, si le cafetier refusa du monde, ce fut faute de place. 18,000 soldats français : autant de consommateurs déterminés. Le général Rostolan avait fait un millionnaire malgré lui.

* * *

Le maréchal Niel, alors colonel de génie, fut chargé de porter à Gaëte les clefs de Rome au Saint Père.

Au retour de Pie IX, le général Rostolan demanda et obtint son rappel en France et fut remplacé par :

* * *

Le général d'Hautpoul qui, sur ces entrefaites, nommé ministre de la guerre, envoya à Rome, à sa place :

* * *

Le maréchal Baraguay d'Hilliers, alors général de division. Sous sa direction, l'esprit de la ville s'améliora de jour en jour, les sympathies timides de la bourgeoisie s'ajoutèrent aux sympathies de la majorité flottante de la population, émerveillée et gagnée par l'admirable discipline de notre armée et la libérale administration du maréchal.

*.

Après lui vint, en 1851, LE GÉNÉRAL GÉMEAU, homme spécial, organisateur, mais surtout *pratiquant* avec une ferveur qui le fit surnommer par le peuple : le cardinal Gémeau.

*.

Deux ans plus tard, en 1853, LE GÉNÉRAL MONTRÉAL fut envoyé à Rome. Il se consacra tout entier aux affaires militaires, — et s'affranchissant de tout rapport avec le Vatican, il abandonna ses prérogatives d'homme politique à l'ambassadeur de France.

L'effectif de l'armée, à cette époque, ne comptait pas six mille hommes. Deux régiments de ligne, le 25ᵉ et le 40ᵉ, un bataillon de chasseurs, et deux batteries d'artillerie composaient le corps expéditionnaire.

Les trois années de commandement du général de Montréal furent trois années de trêve consentie par tous.

***

Le général de Goyon n'arriva à Rome qu'en 1856. Homme du monde, brillant militaire, il organisa sa maison sur un grand pied. Jadis, il avait été colonel d'un régiment de dragons; « terribles comme des lions, doux comme des demoiselles. »

La chose fut sue à Rome, et les malveillants ne désignèrent le général de Goyon que sous ce nom : le colonel des demoiselles.

Mais quelques manifestations *verdistes* s'étant montrées dans le Corso, le colonel des demoiselles leur fit voir qu'il commandait 15,000 hommes.

Le soir où le général de Goyon annonça qu'il était appelé à Paris, monsignor de Brimond alla disant partout dans les salons romains : Appelé à Paris, allons donc! c'est *rappelé* qu'il veut dire. Le brave général s'en va prendre l'R à Paris.

Le général en chef du corps expéditionnaire d'occupation à Rome est actuellement M. le comte de Montebello, aide de camp de l'empereur.

IV

Rome prise, les casernements manquèrent. Les princes durent se résigner à céder une partie de leurs écuries à la cavalerie française.

Le vaste palais de LA PRINCESSE D'ALTEMPS fut envahi par un escadron de chasseurs. De ses fenêtres, la princesse pouvait suivre ce qui se faisait dans les cours. Or, parmi les sous-officiers logés chez elle, Mme d'Altemps en remarqua un de haute mine, franc et gai, et surtout habile écuyer. Veuve, riche, indépendante, — en grande dame qui peut laisser la parole à son cœur, — elle offrit sa main au jeune maréchal-des-logis.

— Madame la princesse sait comment l'on me nomme? demanda le sous-officier.

— Oui!

— Et vous consentiriez à vous appeler madame Ardouin?

— Si votre colonel le veut bien.

Le colonel fit mieux que de permettre, il obtint du ministre de la guerre, pour son heureux maréchal-des-logis, le brevet de sous-lieutenant.

La princesse avait une fortune considérable, — plusieurs millions, — mais en terres à peine cultivées, en propriétés fort mal régies. M. Ardouin, avec des laboureurs et des ouvriers qu'il fit venir de France, se livra à de gigantesques travaux d'agriculture. En quelques années, il a triplé ses revenus. D'un pays déshérité, malsain, il a fait une campagne florissante et habitable.

Le Saint-Père estime fort M. Ardouin et le lui a prouvé en le nommant DUC DE GALÈSE.

Mais, avec le titre, le nom seul a changé; l'homme est resté le même.

L'œil vif, l'humeur joyeuse et la démarche cavalière, dans toutes les fêtes françaises, vous le rencontrerez vêtu du simple uniforme de sous-lieutenant de chasseurs.

CHAPITRE VI

La villa Médicis

CHAPITRE VI

La villa Médicis

I

Chaque année, l'Académie des Beaux-Arts sacre grands hommes cinq jeunes gens : un peintre, un sculpteur, un architecte, un musicien et un graveur. Le public n'est appelé à les juger que cinq années après, à leur retour de Rome.

Jadis, les cinq lauréats dînaient chez le ministre ; mais il n'en est plus ainsi depuis qu'un grand prix de sculpture répondit, en pleine table, à son professeur, qui recommandait son élève chéri aux bontés de Son Éminence :

— Élève! élève! cela vous plaît à dire; maintenant que j'ai le prix, il n'y a plus d'élève ni de patron : il y a deux sculpteurs, et l'un peut se passer de l'autre.

Cette année, le maréchal Vaillant a reçu en audience privée les prix de Rome.

Son Excellence s'est élevée avec véhémence contre l'enrégimentation et le casernement des artistes.

« Ne serait-il pas préférable pour la France
« et pour vous, a dit le maréchal aux élèves,
« de remettre à chacun de vous les 15,000 fr.
« qu'il a si bien gagnés, sans lui imposer
« l'obligation de séjourner là plutôt qu'ail-
« leurs? Libre à vous de faire ce que bon

« vous semblerait. Plusieurs peut-être dissi-
« peraient maladroitement cet argent. Qu'im-
« porte, s'il en est un, un seul, auquel cela
« permettra de rester lui-même et de devenir
« un homme de génie?

« Du talent? depuis trente ans tout le
« monde en a en France; on n'a qu'à étendre
« la main, on en prendra par poignée. Chaque
« génération en sème pour la suivante. Lors-
« que la graine a germé, on la met en pot,
« dans la serre la plus convenable ; puis
« vienne une fleur, comptant sur ce premier
« succès, on se hasarde à la transplanter : la
« fleur dépérit, mais, après tant de soins et
« de sacrifices, on se croit dans l'obligation de
« l'arroser toute la vie.

« Défiez-vous, messieurs, des fétiches et
« des admirations convenues. L'artiste n'est
« grand que lorsqu'il est original. »

Après cela, rentrant dans des questions d'intérêts matériels, le maréchal s'est informé de la façon de vivre des élèves et si la pension qui leur est allouée était suffisante.

M. Monchablond, prix de peinture, d'abord un peu ému et troublé par la netteté et la franchise du langage de Son Excellence, a profité de l'occasion pour solliciter une augmentation d'indemnité de séjour en loge, pour ses camarades moins heureux que lui.

— Ceux qui ont échoué, a-t-il dit au ministre, ne reçoivent, pour trois mois d'un travail qui nous met dans l'impossibilité de rien faire pour vivre, qu'une somme de 150 fr., sur lesquels il faut déduire 30 fr. pour le cadre.

Le maréchal a pris note de l'observation et

a terminé l'audience en donnant aux jeunes pensionnaires l'assurance que, malgré la divergence de ses opinions artistiques avec celles de l'Institut, il n'en portait pas moins un intérêt très-vif à l'École française de Rome, et qu'il le prouverait avant peu.

*
* *

Le vendredi d'après, dans un grand repas d'adieux, les élèves couronnés ont traité leurs camarades d'atelier. De fondation, le dîner se faisait au Pavillon Henri IV, à Saint-Germain; mais cette année ces messieurs sont restés à Paris.

Pourquoi? l'anecdote suivante peut à la rigueur en donner la raison.

Un jour Monnier, au sortir d'une fête gastronomique donnée par une tête couronnée, est rencontré par un de ses amis:

— Eh bien ! comment cela s'est-il passé ? demande l'ami.

— Pas mal, ç'a été assez gentil ; il n'y a pas eu de batterie.

En plein air, à la campagne, les esprits se surexcitent plus facilement qu'à Paris où l'on est *tenu* à conserver un certain *cant*.

Où il n'y a pas de gêne, il n'y a pas de plaisir.

Voilà pourquoi, m'a-t-on dit, cette année, le festin a été préparé par Defficux.

II

Les pensionnaires quittent Paris généralement du 15 au 20 décembre.

De droit le peintre est chef de l'*année*, mais il abandonne volontiers le commandement de la petite troupe et les soins matériels du voyage à l'architecte, l'homme sérieux et sachant compter de la bande. Ils doivent arriver à Rome le 30 janvier au plus tard, sous peine de voir passer le montant de leur mois aux profits et pertes.

Le 29 janvier, à la pointe du jour, les anciens vont à la rencontre des nouveaux. Les uns, — les audacieux, — enfourchent un cheval, les autres s'installent deux par deux dans de petites carrioles à deux roues, qui déroulent à l'heure vingt kilomètres de route. C'est à l'auberge — *Trattoria di Ponte-Molle* — à deux lieues de Rome, que s'échangent les accolades de bienvenue.

Vers midi, on déjeune. Les anciens ont bien fait les choses, et l'on ne songe guère à regagner Rome, — malgré l'impatience des nouveaux, — qu'à la nuit tombante.

Tous les ans, les chevronnés ont la prétention de griser les conscrits, mais ce sont les conscrits avec tous les respects dus à leurs supérieurs, qui dirigent la marche sur l'Académie.

Je passerai les charges qu'ils se font en chemin. Ainsi, à l'une des extrémités de Ponte-Molle se trouvent deux statues de saints, — grands gaillards musculeux et étiques, mais fort cérémonieux, — qui semblent se dire : Passez donc, monsieur! — Après vous! — Je n'en ferai rien... Ces deux saints, deux martyrs qui ont subi le supplice de l'écorchement, donnent toujours prétexte à la même plaisanterie.

Le vétéran statuaire les indique à l'élève de l'année comme deux des œuvres capitales de Michel-Ange. Le nouveau admire sur parole. Le vin d'Orvieto aidant, il succombe d'enthousiasme dans le gilet de l'un de ses camarades, en murmurant : Oh! le muscle! que c'est beau! Moi aussi, je ferai du muscle!

Arrivé à la villa Médicis, tout le monde est rompu de fatigue.

— Mon prix pour un lit! s'écrie un nouveau.

On indique à chacun leur chambre.

Mais quelle chambre! un taudis délabré sans papier, ni peinture, suant et puant le salpêtre, grouillant d'insectes. Et le lit! une planche, un maigre matelas et des draps douteux.

Dormir? impossible. Le pauvre garçon passe la nuit à combattre inutilement des milliers de petites bêtes obstinées et gourmandes.

Le matin, les nouveaux, défaits et défigurés par des piqûres, sont présentés par les anciens à M. Schnetz, le directeur de l'Académie de France, qui ne manque jamais de leur demander des nouvelles de leur nuit.

A leurs réponses M. Schnetz devine qu'ils ont été victimés par leurs camarades, et donne des ordres pour qu'on leur indique leurs véritables logis, de vastes et commodes ateliers.

Dès ce moment, le nouveau devient l'égal

de l'ancien, et c'est encore dans un déjeuner solennel, auquel assiste le directeur, que l'élève est définitivement consacré.

* *

Pendant leur séjour à la villa Médicis, ils sont gratuitement logés, chauffés, éclairés. Ils touchent chaque mois 225 francs seulement, l'État leur fait une retenue de 25 francs qu'ils retrouvent en bloc à la fin de leur pension.

Pour les nourrir, ils ont à l'Académie un maître d'hôtel qui leur fournit, à raison de deux francs par jour, deux repas très-confortables. En prévenant à l'avance, le dîner n'est pas obligatoire.

Leur réfectoire est une immense salle oblongue, dont la voûte est presque complétement tapissée des portraits des élèves depuis 1803 ; à l'heure qu'il est, il reste peu de place pour les futurs grands hommes.

Personne n'est admis à leur table, si ce n'est les élèves de l'Ecole d'Athènes ; par réciprocité, les architectes logent chez eux en Grèce.

C'est à ce titre que l'auteur du *Cas de M. Guérin* a été reçu à l'Académie. Il y occupait la plus belle chambre, la fameuse chambre turque !

III

La villa Médicis est située dans la plus heureuse et la plus pittoresque position de Rome sur le Monte-Pincio. Le palais, bâti en 1540, par le cardinal Ricci, devint la propriété du cardinal Alexandre de Médicis — Léon XI — qui le fit reconstruire, et y ajouta une admirable façade sur les dessins de Michel-Ange.

Ce n'est qu'en 1803 que le palais Médicis fut acquis par la France pour y installer l'Académie trop à l'étroit dans le palais Boncompagni, — au Corso.

Sous le palais de Médicis passe, à une grande profondeur, un ancien viaduc romain qui amène *l'acqua Vergine* à la fontaine *della Baraccia* du Bernin, place d'Espagne.

Le parc attenant à l'Académie de France est ouvert au public, mais il est rare d'y rencontrer des promeneuses romaines, — les élèves passent à Rome pour dangereux ! — Mais, en revanche, les ténébreuses Anglaises en arpentent hardiment les allées ; il n'est pas jusqu'aux ateliers des élèves qui ne soient envahis par ces intrépides *voyeuses*.

.*.

Le drapeau tricolore flotte au haut du palais Médicis ; aussitôt que le seuil de la porte est franchi, une frontière sépare la police romaine du malheureux qui a eu le bonheur de se réfugier à l'Académie.

Les gens poursuivis pour délits politiques

peuvent ainsi, en quelques minutes, passer de Rome en France.

Le suisse qui garde l'entrée de cette porte de Paris est un géant musculeux et barbu, couvert d'un habit richement brodé, et d'un rouge baudrier auquel est suspendu une gigantesque rapière en verrouil.

Le dimanche il y a foule pour l'admirer, et des gamins restent quelquefois des heures en extase devant son baudrier. Alors le brave suisse ne manque pas de leur dire :

— Allons, gamins, passez votre chemin ! Il y a déjà assez longtemps que vous êtes là ; à d'autres ! il faut que tout le monde voie.

.*.

On a reproché aux pensionnaires de peu produire pendant leur séjour en Italie. Le reproche est injuste. Les pensionnaires ne sont pas à Rome pour faire des œuvres, mais pour apprendre à en faire.

Je ne discuterai pas l'utilité d'un voyage en Italie.

Mais, à Rome, l'Etat met à la disposition de ses pensionnaires de vastes ateliers, une vie facile et peu coûteuse. Là, mieux que partout, n'ont-ils pas des modèles, hommes et femmes, d'une perfection d'ensemble introuvable ailleurs ? Dans les promenades, leur regard n'est-il pas attiré à tous instants par des merveilles, toujours nouvelles pour une âme artiste et curieuse ; au loin, bien loin, par des horizons aux lignes grandioses et arrêtées ; aux premiers plans, par les vestiges monstrueux d'un temple païen ou d'un cirque ; assis sur un tronçon de colonne, le moindre bonhomme prend du caractère.

Dans ce milieu magnétique, l'esprit s'élève et s'ennoblit. Le sentiment du grand étreint le cerveau, tant le réel est imprégné de tout ce que le rêve peut enfanter de plus désirable et de plus merveilleux.

Une fois à Rome, les artistes ont véritablement conquis la vraie indépendance. Car là, chacun est seul, comme il l'entend, sans personne qui le conseille malgré lui, ou qui lui impose une direction.

— Je pars demain pour Florence, dit un beau jour l'un d'eux à M. Schnetz.

— Bien, mon ami, répond le directeur, voici un passeport qui vous permettra de ne payer que demi-place sur les paquebots et les chemins de fer, ainsi que la lettre de crédit qu'il vous faut pour vivre pendant votre absence. Ecrivez-nous. Bonne route et bonne santé.

Deux fois l'an, par groupe de cinq et six, les élèves abandonnent l'Académie et s'en vont battre la campagne le sac au dos et le bâton ferré à la main. Messine, Florence, Palerme, Venise, Bologne, Orviéto reçoivent leurs visites et ils rapportent de leurs voyages des albums pleins de documents précieux.

La situation de directeur de l'Académie de France à Rome est plus honorifique que lucrative : 12,000 fr. par an. Or, si le directeur est un homme désireux de représenter dignement son pays, c'est sa bourse qui soldera les violons et le glacier les jours de réception à la villa Médicis.

En temps ordinaire les fonctions de directeur ne se prolongent pas au delà de quatre années ; mais pour des raisons, résultant des événements politiques, M. Schnetz,— membre de l'Institut, — a vu proroger par quatre fois son directoriat.

M. Schnetz, pourvu que les envois partent réglementairement, se préoccupe peu des tendances de ses pensionnaires ; libre à eux de préférer la ligne à la couleur, le grec à la renaissance.

Aussi est-il fort aimé.

Et de fait c'est un bien aimable homme, M. Schnetz, avec son bon visage basané et ses petits yeux pétillant de malice rustique. Sous des allures de paysan du Danube M. Schnetz cache une très-grande finesse d'esprit. C'est un Gaulois élevé par des diplomates.

Peintre d'un talent plutôt intéressant que très-original, le premier, — bien avant Léopold Robert, il a popularisé le tableau de genre de mœurs italiennes, dit du *Burin*. Sa toile, la plus remarquable, est au musée du Luxembourg, — un *Vœu à la madone*.

Chaque semaine, le dimanche, M. Schnetz réunit chez lui une vingtaine de personnes à dîner. A tour de rôle deux élèves font partie des convives.

Le soir, grande réception à laquelle sont conviés les pensionnaires de l'Académie et et les officiers français. L'élément féminin, il faut l'avouer, manque presque complétement à ces réunions; aussi, vers minuit, le salon se transforme-t-il en tabagie, on boit, on cause, ou joue, on fume.

***

Les figures intéressantes qui fréquentent les salons de l'Académie peuvent se compter: Monsignor Bartholomeo Pacca, *maestro di*

Camera di Sua Santità, jeune prélat qui se rattache à la phalange artistique par un côté assez contesté et très-contestable : la photographie.

Que monsignor Pacca y prenne garde, le nitrate d'argent ne possède pas les vertus d'un acide sur du tournesol ; sous son influence, le violet ne se change pas en rouge.

Le prince Massimo, tête fine, spirituelle, agressive, qui répondit un jour à un fâcheux qui lui demandait ironiquement s'il descendait de l'empereur Maximus Severus :

« — Je ne sais, monsieur, mais vous pouvez tenir pour certain que cela se dit à Rome depuis dix-sept cents ans.

M. Mangin, préfet de police français, qui,

malgré la délicatesse de sa position, a su s'attirer toutes les sympathies et concilier tous les intérêts.

Aussi habile à découvrir une bonne toile qu'à découvrir un fripon, il est possesseur d'une des galeries romaines les plus renommées. Parmi ses meilleurs tableaux, citons : *Une Bataille* de Vélasquez, dont le pendant est à Saint-Pétersbourg, une *Suzanne au bain* du Dominiquin, *Un portrait* d'Holbein d'une valeur inestimable, un *Christ en croix* de Van Dick, qui a été gravé dans l'ouvrage des *Galeries célèbres* d'Armengaud.

M. Mirès, lors de son passage à Rome, fit offrir à M. Mangin trois cent mille francs de sa galerie.

Le chiffre était tentant. Mais la nature des affaires qui avaient attiré l'audacieux financier à Rome aurait pu donner à cette transaction un autre caractère que celui d'une simple vente de tableaux.

M. Mangin refusa de lui céder sa galerie.

Le colonel Bochet, frère de l'ancien ministre, administrateur des biens de la maison d'Orléans. Élégant militaire, de grande tournure, à l'esprit aimable et pénétrant, toujours jeune malgré ses nombreuses campagnes, est un des rares officiers français admis dans l'intimité des familles princières.

Lors du duel du général Bosco contre un officier piémontais, le colonel Bochet servit de second au général napolitain qui blessa grièvement son adversaire.

Au succès de son général, la gracieuse et coquette petite reine battit bien fort de ses deux mignonnes mains, puis les donna à baiser au brave colonel.

Voici M. Ampère, de l'Académie française, au bras du commendatore Visconti, l'illustre archéologue, le cicérone des têtes couronnées. Le spirituel académicien a reconstruit l'histoire de Rome d'après ses monuments, il espère maintenant qu'on reconstruira Rome d'après ses livres. Le commendatore Visconti ne s'y opposera que si l'on ne le charge pas des restaurations.

IV

M. Cabanel, le nouvel académicien, est très-beau, dit-on. Quand il était à Rome, ses camarades s'avisèrent de lui faire une charge assez amusante, — pour eux : — ils lui écrivirent lettres sur lettres, dans lesquelles une princesse déclarait à son beau *Cabanello* qu'elle se passerait un stylet entre la quatrième et cinquième baleine de son corset s'il ne consentait à se montrer, ne fût-ce que cinq minutes, chaque jour, dans le Corso.

A deux heures régulièrement, par un soleil à rendre fou un nègre, le futur membre de l'Institut arpentait fiévreusement le *Corso*;

et cela, ganté, frisé, verni, musqué et travesti *au dernier genre.*

Régulièrement aussi, il était accosté par deux ou trois de ses camarades, en blouse et sales à plaisir.

— Tiens! le beau Cabanel! Que diable fais-tu là par cette chaleur?

— Moi? vous voyez, je me promène...

— Tu te promènes?... Tu n'attends personne? hein? là? franchement? non? Ah! dame! c'est que tu es joli garçon, toi; et avec ta tenue... Ce n'est pas pour en dire du mal au moins; au contraire, mets-toi bien, mon bonhomme, aie de la tenue. L'incapacité ne mène à rien sans la tenue... — Tu arriveras... De quel côté allons-nous?

Et les élèves accaparaient malgré lui ses deux bras.

M. Cabanel se défendait mal, craignant le

scandale. Et puis, si la princesse allait passer en ce moment? Que dirait-elle en le voyant avec des hommes si mal mis?

Il a quitté Rome convaincu que la jalouse malveillance de ses camarades l'avait empêché de pénétrer dans le grand monde.

Lorsqu'il s'est présenté à l'Académie des Beaux-Arts, la Providence, — la princesse peut-être, — lui a sans doute envoyé de Rome un oignon du *Monte-Testaccio*. M. Cabanel n'a eu qu'à le montrer aux membres de l'Institut, son élection n'a plus été douteuse.

Le pied de mouton est un talisman d'un piètre mérite en comparaison de ce fameux oignon.

Grâce à l'oignon, si l'on veut être bien docile, bien souple, ne rien faire qui sorte de la ligne, et surtout ne pas avoir trop de talent, on peut être sûr d'arriver à la fortune et même aux honneurs.

．．．

M. Picot est le dispensateur de cet oignon magique. C'est lui qui l'a planté, en société de quatre ou cinq de ses amis, à Rome, sur le *Monte-Testaccio*.

．．．

Les membres de la société de l'Oignon se jurèrent une admiration mutuelle, ainsi qu'à tous ceux qui, dans l'avenir, s'agrégeraient à leur noble compagnie.

Sitôt que l'un d'eux arrive à l'Institut, il fait la courte échelle pour un autre, et ainsi de suite.

Peu s'en faut qu'à cette heure l'Académie

les Beaux-Arts ne soit plus qu'une rangée d'oignons.

L'oignon fait la force, a dit un rapin; exécrable jeu de mots, mais très-éloquent.

Tous les jeunes gens qui obtiennent le prix de Rome ne font pas partie de l'Oignon ; mais pour ceux qui s'affranchiront de cette congrégation, la lutte sera difficile, les commandes se feront attendre : il leur faudra le *génie* qui s'impose.

CHAPITRE VII

Echos de Rome

CHAPITRE VII

Échos de Rome

I

LE BON MOINE.

Un certain matin, en revenant du Colisée, je m'arrêtai quelques minutes à contempler l'admirable fontaine de Trévi.

Aucun monument de ce genre n'a été construit plus magistralement. Figurez-vous un revêtement de dix pilastres d'ordre corinthien, d'une hauteur de quinze mètres environ, élevé sur un soubassement taillé à refends, et surmonté d'un entablement et d'un attique, au-dessus de la corniche. Entre les pilastres des arrière-corps du bâtiment, sont des fenêtres à balcon de pierre, ornées de colonnes et de tympans. L'avant-corps du milieu, qui occupe près d'une moitié de la façade, fait saillie par quatre colonnes portant un fort beau couronnement en attique avec des panneaux à inscriptions; au milieu, deux statues soutenant l'écusson des armes du Pape. Entre les colonnes sont trois niches, les deux de côté sont carrées, avec statues et bas-relief. Au dessus, celle du milieu en demi-dôme, est portée en cintre par quatre autres colonnes plus petites. De cette niche s'élance la figure colossale d'un Neptune sur un char en coquille, traîné par des chevaux marins gigantesques, conduits par deux tritons sonnant de leurs conques.

Les chevaux se cabrent et se précipitent sur des rochers confusément jetés le long de cette façade.

L'eau s'échappant à flots tumultueux de toutes parts, à travers ces rochers, les recouvre et vient se réunir dans un seul bassin en forme de lac, qui fait demi-cercle au devant de cette immense construction.

Cette fontaine, construite sur les dessins de Salvi, fut exécutée par Le Bernin à peu près à l'époque du voyage du président de Brosses à Rome, vers 1740.

Le goût baroque des draperies, ainsi que la *furia* contournée des mouvements, loin de nuire, ne fait qu'ajouter à la grandeur de l'ensemble, c'est la fantaisie dans le grandiose.

Une chose seulement manque à ce chef-d'œuvre, c'est d'avoir devant lui un champ plus vaste, un recul suffisant qui permettrait de mieux l'admirer, tandis qu'il est encaissé à deux mètres de distance, de tous les côtés, par des masures sales et très-élevées.

L'eau de la fontaine de Trévi s'appelle plus communément *L'acqua Vergine,* parce que la source en fut découverte, dit-on, par une jeune fille. Elle est considérée comme l'eau la plus pure du monde. — Les Anglais n'ont garde de manquer d'en emporter en bouteille, — avec une étiquette justificative. Ils placent cela dans leur cabinet de curiosités, et cela fait bien, du moins ce sont eux qui l'affirment.

J'en étais donc là de mes réflexions, lorsque tout à coup je me sentis frapper sur l'épaule avec familiarité.

Je me retourne. J'avais devant moi un vieux carme déchaussé, qui de l'air le plus gracieux m'offrait une prise de tabac.

— Trop aimable, m'empressai-je de lui répondre stupéfié de cette prévenance, mais je n'en use pas.

Mon refus ne parut pas le décourager, au contraire, il insista, et pour ne pas le désobliger, je me hasardai à plonger mes deux doigts dans sa vaste tabatière, puis je fis semblant de porter à mon nez ce que j'en retirai et de trouver son tabac délicieux.

Aussitôt le bon vieux moine de me tendre la main ouverte, en demandant :

— Due baïocchi, signor, per l'amore di Dio !

Je ne me le fis pas dire deux fois, et remis deux sous à cet original offreur de prise, —

qui s'en fut en me comblant de souhaits plus heureux les uns que les autres.

Quinze pas plus loin, je le vis entrer dans un bureau de loterie et en ressortir le visage rayonnant de joie, un billet à la main.

Ce dernier trait nous choque, nous autres étrangers, ignorants des mœurs du pays, mais n'offusquera nullement un Romain.

D'ailleurs rien n'affirme que ce bon vieillard appartienne à un ordre religieux; à Rome, il est facile de s'agréger à un ordre vagabond et mendiant, et l'on y porte le costume religieux exactement comme jadis les gentilshommes portaient l'épée.

Et ce serait former un jugement très-faux des mœurs du clergé romain que de l'établir sur la moyenne des gens à capes et à sandales.

A Rome, surtout, l'habit ne fait pas le moine.

II

M. Noël Lemire, dans des lettres fort intéressantes qu'il a écrites sur l'Italie, raconte une anecdote qui caractérise très-nettement les rapports du peuple avec les cardinaux.

Le peuple, en effet, loin de s'offenser de l'appareil fastueux qui entoure les princes de l'Église, s'en enorgueillit. Cette pompe devient sienne. Il ne souffrirait pas qu'on s'en affranchît, car il en est fier. Aussi agit-il souvent envers les Éminences avec cette liberté de parole et d'allure dont il usait jadis envers les tribuns.

Une ancienne coutume veut que si dans une course en carrosse, un cardinal se trouve sur le passage du Saint-Sacrement, il descende de voiture, et porte lui-même le corps de Notre Seigneur.

C'est dans la prévision d'une pareille rencontre que l'un de ses laquais est toujours armé d'une ombrelle.

Un jour donc, celui de la cérémonie de l'Immaculée Conception, au moment où la foule se dirigeait sur la basilique de Saint-Pierre, une voiture d'Éminence croisa le cortége qui suivait le Saint-Viatique.

Gêné dans ses mouvements, le cocher ne put arrêter assez vite ses chevaux. Aussitôt la foule de se précipiter, de saisir les guides, et de témoigner en termes très-explicites son mécontentement. Le cardinal s'empressa de mettre pied à terre pour se conformer à l'usage.

Et personne ne s'étonna de cette façon un peu brutale d'agir du peuple, — pas même Son Éminence.

III

D'après un rapport officiel de M. le comte de Rayneval, l'ambassadeur de France dont le souvenir est encore dans le cœur de tout bon Romain, je trouve les chiffres suivants; ils sont tellement concluants par eux-mêmes qu'il est inutile d'y ajouter aucun commentaire.

L'administration romaine n'emploie dans ses bureaux qu'un prêtre sur soixante laïques.

Les laïques touchent annuellement 8,053,500 fr.

Les ecclésiastiques seulement 670,980 fr.

IV

Les revenus annuels du Souverain-Pontife ne sont que de trois millions, desquels il faut défalquer les traitements des nonces et des cardinaux, l'entretien des palais apostoliques, ce qui réduit les ressources privées du Saint-Père, à vingt-cinq mille francs par an.

V

L'anagramme du nom du Pape, Giovanni Maria-Mastaï-Ferretti, est GRATI NOMI, AMNISTIA, ET FERRATA VIA : *Noms aimés, amnistie, et chemins de fer.*

VI

C'est M. le marquis de Cessiat, neveu de M. de Lamartine, qui se chargea d'apporter au Pape, à Naples, ses habits pontificaux, que, dans la précipitation du départ, on avait laissés au Vatican.

VII

A la droite de Saint-Pierre, y attenant, se trouve le Vatican, demeure des Papes.

Sur l'emplacement même du Vatican s'élevait jadis un temple d'Apollon, où les augures rendaient des oracles. L'origine du mot Vatican s'explique donc naturellement par cetteinscription : « *Vaticinium, ubi vates canebant.* »

CHAPITRE VIII

Le couvent de San-Onofrio

CHAPITRE VIII

Le couvent de San-Onofrio

Les Italiens ont la religion de leurs grands hommes. L'histoire de la vie douloureuse de Torquato Tasso est restée dans toutes les mémoires. Aussi chaque année fête-t-on à Rome l'anniversaire de la mort du poëte, décédé le 25 avril 1595.

C'est dans la chapelle du couvent de San-Onofrio que se trouve le tombeau de Torquato

Tasso, — une plaque de marbre gris, faisant partie du dallement de l'église indique la place où reposent les restes mortuaires du grand homme, et porte cette inscription : « *Torquati Tassi ossa hic jacent.* »

Le cloître de San-Onofrio présente le plus mélancolique aspect, et n'offre d'intérêt que par le nombre prodigieux de ses colonnes de marbre, de dimensions et de formes variées, provenant d'anciennes ruines romaines.

Les bons religieux vous font admirer une madone de Léonard de Vinci, — faite à sa manière noire, ou plutôt ayant passé au noir par le temps; — ainsi qu'un masque de Torquato Tasso moulé sur nature par Léonard de Vinci lui-même.

On y montre aussi une chaise à bras et une table à écrire ayant appartenu au poëte.

Mais la plus intéressante relique est une

lettre autographe de l'auteur de la *Jérusalem délivrée*, collée contre une glace de la sacristie.

Pendant plusieurs années, le service divin célébré en souvenir de cette mort attirait un nombre considérable d'étrangers et surtout de gens du Trastevère.

Aiguillonnés par le désir de marquer leur enthousiasme pour leur cher poëte, et peut-être par l'appât du fruit défendu, — l'entrée du couvent est interdite aux femmes — il y a deux ans, à la faveur de la foule, un groupe de fortes Trastéverines firent irruption dans San-Onofrio.

User de la force et les chasser eût été trop inhumain. Les bons pères se résignèrent et supportèrent, bon gré mal gré, la présence de ces belles fanatiques du Tasse.

Mais à partir de ce jour, la messe commémorative fut dite à huis clos. La porte fut interdite au public, hommes ou femmes. O Révolution! Révolution! voilà de tes coups!

Rien donc ne trouble plus le repos rigide des pères de San-Onofrio, rien, si ce n'est les accords mélancoliques et furieux d'un orgue, pleurant ou chantant sous les mains inspirées d'un grand poëte. Aussi Litz, l'illustre musicien, vient de prendre l'habit et s'est cloîtré à San-Onofrio.

CHAPITRE IX

La journée de Pie IX

CHAPITRE IX

La journée de Pie IX

Ici, nous nous effaçons pour laisser la parole à un homme plus autorisé que nous, par son admirable talent et par son dévouement éprouvé au Saint-Siége : M. Louis Veuillot.

« La journée du Pape commence à six « heures. Aussitôt habillé, il fait une visite « au Saint-Sacrement, et se prépare à célé-

« brer la sainte messe. Il entend une se-
« conde messe, en action de grâces, dite par
« un prêtre de sa maison. Il donne ensuite
« audience au Cardinal Secrétaire d'État,
« pour les affaires publiques, et au Major-
« dome, pour celles du palais. Il lit les nom-
« breuses lettres qui lui sont adressées, et
« les remet à un secrétaire avec ses instruc-
« tions. Pendant ce travail du matin, il fait
« une légère collation : un peu de pain, un
« mélange de chocolat et de café, un verre
« d'eau. A dix heures, commencent les au-
« diences proprement dites ; elles durent or-
« dinairement jusqu'au dîner, à deux heures.
« Ce dîner est d'une simplicité extrême.
« Au Vatican, le Pape mange toujours seul.
« La dépense de sa table est d'*un écu* (5 f. 35 c.)
« par jour. A trois heures, il monte en voi-
« ture et se fait ordinairement conduire

« hors des portes, où il peut prendre un peu
« d'exercice. Parfois, il va visiter un monas-
« tère, consoler de saintes recluses aux-
« quelles il demande de prier pour lui, spé-
« cialement lorsqu'il sent davantage le be-
« soin d'être éclairé. Sa promenade est un
« temps de réflexion aussi bien que de récréa-
« tion. Entre cinq et six heures, il est de
« retour, les audiences recommencent. Elles
« se prolongent jusqu'à neuf et dix heures
« de la nuit, souvent plus loin. Alors le
« Pape récite son office, prie encore, et se
« retire dans une humble chambre carre-
« lée, sans meubles, sans feu : on ne fait
« point de feu dans l'appartement particulier
« du Pape. Un jour d'hiver, il y a quelques
« années, le froid fut si vif que le Saint-Père
« n'y put tenir. Il sortit de son cabinet et
« vint un instant au *brasero* de l'anticham-

« bre, avec ses camériers. Puis il va enfin
« prendre son repos. Son repos! Il a travaillé,
« consolé, rassuré tout le jour; plus d'une
« fois, on l'a entendu prier et gémir le reste
« de la nuit. Un de ses camériers s'étant une
« fois enhardi à le féliciter de sa sérénité,
« qui fortifie tout le monde : — Pourtant, dit
« profondément le Saint-Père, je ne suis
« point de bois, mais.... Et levant les yeux
« au ciel, il éteignit dans un sourire cette
« demi-plainte, ou plutôt cet aveu des dé-
« chirements de son cœur. Néanmoins, son
« âme ferme, et à qui Dieu est toujours
« présent, lui permet ce repos des forts, qui
« savent dormir au milieu de la tempête pour
« la contempler d'un œil plus clair et la
« dompter d'un bras plus affermi.

« Outre les audiences dites *extraordinai-*
« *res*, mais devenues habituelles et quoti-

« diennes, un jour de chaque semaine est
« assigné pour une classe déterminée d'af-
« faires qui réclament l'attention continuelle
« du Souverain-Pontife. Dans le courant du
« mois et même de la semaine, tous les ser-
« vices généraux de l'Église et tous les ser-
« vices particuliers de l'État sont inspectés
« et dirigés.

« Voici le tableau des audiences fixes :

LUNDI.

« *Matin*. — Cardinal secrétaire des Mé-
« moriaux ; Ministres des Armes. Premier
« lundi du mois : Président de l'Académie
« des nobles Ecclésiastiques ; secrétaire de
« la Congrégation de la discipline Régulière
« (a encore audience le troisième lundi). Se-

« cond lundi : Promoteur de la Foi. Qua-
« trième lundi : Avocat des pauvres.

« *Soir*. — Cardinal Préfet de la signature;
« Secrétaire de la Congrégation du Concile;
« Économe de la Fabrique de Saint-Pierre ;
« Secrétaire des Brefs aux Princes.

MARDI.

« *Matin*. — Cardinal secrétaire des Brefs;
« Cardinal Pro-Dataire. Premier et troisième
« mardi : Cardinal visiteur de l'hospice
« Saint-Michel ; Grand-Aumônier ; Père
« maître du Sacré-Palais.

« *Soir*. — Commandeur de *Santo-Spirito*.
« Second mardi : Président de la Consulte,
« l'un des principaux tribunaux de Rome.

MERCREDI.

« *Matin*. — Ministre des Travaux Publics;
« Ministre de l'Intérieur et de la Police;
« Ministre des Finances.

« *Soir*. — Assesseur du Saint-Office; Se-
« crétaire du Consistoire; Secrétaire des
« Affaires Ecclésiastiques; Secrétaire des
« Lettres Latines.

JEUDI.

« *Matin*. — Congrégation du Saint-Office.

« *Soir*. — Auditeur du Saint-Siége; Se-
« crétaire des Brefs aux Princes.

VENDREDI.

« *Matin*. — Cardinal secrétaire des Brefs;

« Cardinal Pro-Dataire ; Cardinal secrétaire
« des Mémoriaux ; Secrétaire de la Congré-
« gation des Rites.

« *Soir*. — Cardinal Grand-Pénitencier ;
« Secrétaire de la Congrégation des Evêques
« et Réguliers.

SAMEDI.

« *Matin*. — Ministre de l'Intérieur ; Mi-
« nistre des Finances.

« *Soir*. — Cardinal vicaire ; Secrétaire des
« Lettres Latines. Troisième samedi : Se-
« crétaire de la Visite Apostolique.

DIMANCHE.

« *Soir*. — Secrétaire de la Propagande ;
« Auditeur du Saint-Siége ; Secrétaires des
« Etudes.

« Le Saint-Père voit en outre quotidien-
« nement le secrétaire d'Etat ou son substi-
« tut. Il est, de plus, informé par ses camé-
« riers intimes, choisis à dessein divers de
« caractère, d'aptitudes et de nation, en re-
« lation par leur origine avec ce qu'il y a
« de plus élevé en Europe, tous prêtres
« pleins de zèle et occupés d'œuvres impor-
« tantes, véritables aides de camp de sa cha-
« rité. C'est un besoin pour quiconque a eu
« affaire aux personnes de l'entourage du
« Saint-Père d'exprimer un sentiment de
« reconnaissance et de respect. Où trouver
« plus de dignité, plus d'aménité et en même
« temps plus de loyauté que dans cette cour
« pontificale, resplendissante de toutes les
« vertus chrétiennes? Pie IX sait choisir les
« hommes, et l'on retrouve en ceux qui
« l'approchent, jusque dans les moindres

« emplois, quelque chose des traits que l'on
« admire en lui. Si l'on ajoute cette multi-
« tude de visiteurs, prélats, simples prê-
« tres, particuliers de tous pays et de toute
« condition, hommes d'Etat, hommes du
« monde, pauvres pélerins venus à pied, qui
« affluent sans cesse au Vatican et qui sont
« reçus par une bonté sans mesure, on dira
« que nul souverain et peut-être nul homme
« n'est aussi occupé que Pie IX, et n'a sujet de
« se croire plus parfaitement instruit des
« besoins, des vœux, des sentiments et des
« erreurs du temps. »

Récit charmant et ému dont nous n'avons pas voulu changer une syllabe de crainte d'en altérer l'esprit, la grâce et la vérité.

CHAPITRE X

Le Conclave

CHAPITRE X

Le Conclave

I

Quelque anecdotique que soit ce livre, il serait incomplet s'il ne parlait pas du conclave, — de l'œuf même de la papauté,— s'il est permis de s'exprimer ainsi.

Aujourd'hui plus qu'à aucune époque, d'ailleurs, la question mérite d'être traitée. Quand tant d'espérances coupables, tant d'ambitions malsaines, d'aspirations déréglées s'agitent, il est bon, ce me semble, de rassurer les consciences troublées. Or comment atteindre mieux ce but qu'en rappelant, que si les hommes sont mortels, les institutions, — et par dessus toutes, l'institution divine de la papauté, — ne périssent jamais.

Mais sans nous engager plus avant dans des discussions qui répugnent à notre caractère, et pour lesquelles il aurait fallu, dès l'origine, et un autre ton et un autre style, bornons-nous simplement, — en faisant la part de nos sentiments blessés, — à notre rôle de conteur sympathique et dévoué.

.*.

Les papes ont été, de tout temps, nommés à l'élection. Lors des premiers âges de l'Église, le peuple votait de concert avec le clergé. Mais après quelques expériences, — et bien que quelques grands hommes tels que saint Sylvestre, Léon le Grand et saint Grégoire fussent les élus de ce mode de suffrage, — il parut dangereux de laisser à une masse crédule, ignorante, facile à entraîner et à corrompre, le droit d'attribuer à un homme un pouvoir aussi redoutable que celui de la papauté.

On peut se tromper sur la portée d'un homme dans les Etats ordinaires, mais lorsqu'il s'agit du gouvernement spirituel des peuples, l'erreur a des conséquences bien autrement graves, et la réparation est plus difficile.

Dans les premiers, le désordre que cause un mauvais choix est restreint ; il rencontre toujours des forces morales qui lui font obstacle. Dans le second, il se répand comme une peste funeste, d'autant plus irrémédiable que le mal est à la source même de la résistance.

Ce n'est pas à dire qu'on soit arrivé par le nouveau système à la perfection. Partout où il y a homme, il y a vice. Mais plus l'on voit jour à diminuer les chances du vice, plus on doit en profiter, et applaudir à toutes les tentatives faites dans ce sens.

.*.

Les cardinaux sont aujourd'hui les seuls électeurs des papes. Ils exercent ce droit souverain depuis 1143. Le premier pape qu'ils appelèrent au trône de saint Pierre fut Célestin III.

A la nouvelle de la mort du pape, les cardinaux étaient convoqués et se réunissaient dans une ville choisie par les éminences chefs d'ordre. Libres de leurs mouvements, ils allaient et venaient, ne s'abouchant qu'à certaines heures dans un endroit désigné.

Si le vote était partagé, chacun se retirait, puis l'on recommençait le lendemain, le surlendemain, les jours suivants, jusqu'à ce qu'un résultat fût obtenu.

Ce mode d'élection, sans règle ni discipline entraînait quelquefois des retards que l'on pouvait juger indéfinis.

.·.

C'est à la suite de l'élection de 1270 que cet état de choses fut modifié.

Voici comment :

Clément VI venait de mourir ; on était en 1268. Les cardinaux, au nombre de dix-huit, vinrent à Viterbe, afin de procéder à la nomination d'un nouveau pontife.

Mais il ne semble pas qu'ils aient pu facilement s'entendre. Car deux années s'écoulent, deux membres du sacré collége meurent dans l'intervalle des délibérations, et le Saint-Père n'est pas proclamé !

Grand émoi dans toute la chrétienté ! Des observations, des réclamations, des remontrances arrivent de toutes parts. Philippe-le-Hardi, roi de France, et Charles Ier, roi de Sicile, quittèrent même leur royaume et se transportèrent à Viterbe, dans l'espoir d'amener, par leur présence, les esprits à une conciliation que tous appelaient de leurs vœux. Soit rivalités trop violentes, soit ambitions trop absolues, les efforts des souverains sont inutiles.

Cependant l'impatience gagnait les habitants de Viterbe; il leur fallait un pape, ils voulaient un pape, et ils le demandaient à cor et à cri. Mais les électeurs sacrés ne s'émouvaient guère de leurs manifestations. Alors que firent les habitants? Ils s'adressèrent au général de l'ordre des frères mineurs de Saint-François, saint Bonaventure, et réclamèrent de lui un conseil pour venir à bout d'un entêtement, dont ils ne prévoyaient pas la fin.

Saint Bonaventure les engagea à renfermer les cardinaux dans le palais épiscopal, et à les tenir prisonniers jusqu'à ce qu'ils fussent d'accord.

Le conseil fut suivi, et, les cardinaux mis sous clefs, un certain Raniéro Gatti, capitaine de la cité, fut préposé à la garde du conclave.

Le moyen était énergique, mais insuffisant

encore : la besogne ne faisait pas plus de progrès. Exaspérés, les gens de Viterbe se décidèrent à un véritable coup de désespoir. Ils firent enlever la toiture du palais du conclave.

Voilà les membres du sacré collége fort empêchés. La fraîcheur de la nuit, la pluie, le vent, toutes les incommodités les assaillent.

A toutes leurs plaintes, on leur répondait : Donnez-nous un pape, et dès ce soir vous aurez bonne table et bon lit.

Ils résistèrent quelque temps encore, mais pourtant, si fermes qu'ils fussent, la maladie aidant, les cardinaux finirent par s'entendre et déléguèrent leurs pouvoirs à six d'entre eux.

L'entente devint plus facile et le pape choisi fut Théobald Visconti, archidiacre de Liége et légat apostolique à Sora, en Espagne.

Le nouveau pontife, — élu on pouvait le

dire, en désespoir de cause, — est connu dans l'histoire sous le nom de Grégoire le Grand.

Il n'était pas cardinal. Cette qualité n'est pas indispensable pour être pape. Il n'est même pas nécessaire d'être dans les ordres.

Tout laïque chrétien peut être appelé à la papauté. Inutile de dire que ce dernier cas ne s'est jamais présenté.

Les jésuites seuls sont exclus, à moins d'être relevés de leurs vœux par le Saint-Père.

Grégoire X, qui avait attendu deux ans que le choix des cardinaux se portât sur lui, frappé des inconvénients du mode d'élection en usage, résolut de le réformer. A cet effet, il convoqua à Lyon, en 1274, un concile œcuménique qui décréta, d'une façon définitive, les lois et disciplines qui devaient régir un conclave telles que : l'obligation où sont les cardinaux de se réunir en commun dans un même lieu, de se contenter d'un certain nombre de serviteurs, de vivre séparés, et de ne communiquer avec personne, surtout avec les ambassadeurs.

La plupart de ces dispositions sont encore en vigueur de nos jours ; mais il en est d'autres qui montrent, par leur sévérité, l'impression fâcheuse qu'avait causée le conclave de 1268; ainsi la suivante que nous citons en entier :

Art. 5. Trois jours après l'entrée des cardinaux au conclave, si l'élection du nouveau pontife n'a pas eu lieu, les prélats et autres préposés à la garde du conclave devront empêcher que, pendant les cinq jours suivants, il soit servi sur la table des cardinaux plus d'un plat pour le dîner et un plat pour le souper. A l'expiration de ces cinq jours, lesdits gardiens ne leur permettront plus que le pain et l'eau, jusqu'à ce qu'ils aient accompli l'élection.

Et l'on comprendra que cette clause soit tombée en désuétude.

Une autre disposition également fort curieuse est celle qui dit que l'entrée du conclave ne pourra être interdite aux cardinaux qui auront été censurés ou excommuniés.

Ces ordonnances portent, en outre, que le conclave devra s'ouvrir et se tenir dans la ville même où le pape est décédé.

Si cette ville est interdite ou aux mains de l'ennemi, le conclave doit se réunir dans la ville la plus voisine.

C'est ainsi qu'en 1800, Rome étant occupée par l'armée française, le conclave se réunit hors des États Romains.

II

Autrefois les conclaves se tenaient au Vatican, mais depuis 1823 ils s'assemblent au Quirinal.

Commencé en 1574 sous Grégoire XIII, le Quirinal n'a été achevé qu'en 1764, sous Clément XIII. L'ensemble de ce palais frappe désagréablement la vue par son manque de proportions. Chaque nouveau pontife, — et il y en a eu vingt-trois entre la pose de la première et de la dernière pierre, — n'ayant ni les mêmes idées, ni les mêmes créatures que ses prédécesseurs, ou variait la destination de ce monument, ou en confiait l'exécution à un architecte de son goût, qui modifiait le plan de son devancier.

Avec ce système, on comprend que le Quirinal ait cette architecture bizarre et composite, ces bâtiments à façade plate adossés les uns aux autres irrégulièrement, et cette grosse tour d'un si fâcheux aspect.

Résidence d'été des papes, le Quirinal, situé place Monte-Cavallo, dans une des situations les plus admirables de Rome, porte, — pour ainsi dire, — écrite sur ses pierres la durée du règne des souverains pontifes. Et l'on est effrayé de voir combien ces règnes sont courts! Aucun pape n'a atteint la vingt-cinquième année de son pontificat.

Un rapprochement puéril, mais curieux à faire, c'est qu'aucun tzar, chef de la religion grecque, n'a dépassé, non plus que le chef de la religion catholique, cette limite fatale de vingt-cinq années.

Tous les deux sont dévorés par leur puissance.

* * *

Aussitôt qu'un pape meurt, le cardinal camerlingue se rend dans la chambre mortuaire et, frappant à diverses reprises sur le front du défunt, il l'appelle par son nom de famille. S'il n'obtient pas de réponse, la mort du souverain pontife est officiellement constatée, et est annoncée au peuple par la lourde cloche du Capitole qui sonne trente-trois coups.

Ensuite, le camerlingue retire du doigt de feu Sa Sainteté l'anneau du pêcheur, et le brise, ainsi que les sceaux de l'État.

Disons en passant que cette même cloche

du Capitole, qui est chargée d'annoncer la fin d'un pape, n'est mise en branle qu'une fois par an, pour annoncer le commencement du carnaval.

Durant toute la vacance, c'est le cardinal camerlingue qui commande souverainement, c'est lui qui invite tous les cardinaux étrangers à se rendre à Rome pour le conclave, et cela dans un délai de quatorze jours; c'est lui qui, par les nonces apostoliques, notifie aux cours européennes la mort du Saint-Père; à lui seul enfin revient le droit de faire frapper de la monnaie à son nom et à ses armes.

Le lendemain de la mort du pape, le cardinal-doyen réunit en un congrès qui dure dix jours tous les cardinaux présents à Rome. Ces dix jours sont employés à confirmer dans leurs fonctions les ministres, le gouverneur de Rome, et les divers dignitaires de l'Église;

à choisir les confesseurs, médecins, chirurgiens, barbiers, etc , qui devront les accompagner, à tirer au sort les cellules qui devront être habitées par chacun d'eux au Quirinal, ainsi qu'à différentes dispositions relatives à l'ouverture et à la clôture du conclave.

Quatorze jours après la mort du pape, les cardinaux en grande pompe vont entendre à Saint-Pierre la messe du Saint-Esprit, puis se rendent séparément dans leur carrosse, suivis de leurs conclavistes et de leurs gens à l'église Saint-Sylvestre du Quirinal; où, après avoir échangé l'aumusse contre la chappe, ils s'agenouillent au pied de l'autel pour adorer le Saint-Sacrement.

L'hymne : *Veni creator Spiritus*, entonné par les chanteurs de la chapelle Sixtine, est le signal du départ. Un des maîtres de cérémonies s'empare de la croix papale, ouvre la marche et, processionnellement, deux par deux, entourés de leurs familiers, les cardinaux, — au bruit de la musique et au milieu d'une haie de soldats, — pénètrent dans le palais du Quirinal.

D'où l'un d'eux ressortira pape ! ce qui fait dire au peuple romain, dans son langage pittoresque, que chaque cardinal a un pape dans le ventre.

La journée tout entière s'écoule en réception, des membres du corps diplomatique, d'amis, de la noblesse romaine ou d'étrangers de distinction.

Jusqu'à minuit seulement le pouvoir éphémère du cardinal camerlingue lui est conservé, mais à une heure et demie de la nuit, un coup de sonnette retentit dans le Quirinal; il faut vous retirer, *extra omnes!* crie dans les corridors du palais le maître des cérémonies. Tout le monde étranger au conclave obéit à cette injonction. Les électeurs sacrés et les conclavistes occupent seuls le Quirinal.

A trois heures, le cardinal camerlingue procède officiellement à la fermeture du conclave. Les trois cardinaux chefs d'ordre président à cette opération, ainsi que le maréchal et le secrétaire du conclave.

A partir de ce moment, la souveraineté est toute au sacré collége, qui la délègue aux trois cardinaux chefs d'ordre.

La fermeture du conclave terminée, chaque cardinal se retire dans sa cellule, et prie encore avant de se reposer des fatigues de cette longue journée.

Quels peuvent être les desseins de la Providence ? Demain peut-être cet humble vieillard en prière se relèvera chef suprême de la chrétienté.

.˙.

Nous l'avons dit plus haut, c'était au Vatican que se tenait jadis le conclave, mais à cette époque les appartements du palais n'étant pas assez nombreux pour permettre d'y loger le sacré collége au grand complet, on était forcé de construire, à la hâte, en moins de douze jours, dix-huit à vingt cellules sur le péristyle de Saint-Pierre.

De nos jours, le Quirinal n'offre pas les mêmes inconvénients, les cardinaux trouvent facilement et commodément à s'y loger; et le mot *cellule* doit être pris ici dans un sens tout figuratif, attendu que chaque électeur du conclave occupe un logement composé d'une chambre à coucher, d'un salon et de deux autres petites pièces pour les conclavistes.

A la porte de chacun de ces petits appartements, un garde-noble, amené là par un tirage au sort, est placé de planton.

Lorsqu'un cardinal désire ne recevoir personne, il croise devant sa porte certains bâtons qui sont la preuve que Son Eminence dort, ou qu'elle ne veut pas être interrompue dans ses méditations.

Ces cellules sont décorées d'étoffe violette, si le cardinal a reçu le chapeau du pape défunt, et d'étoffe verte, si c'est un électeur ayant déjà pris part à un conclave. Il est d'usage de se revêtir d'un costume de même couleur, tout en conservant la barette et le chapeau rouge.

On ne peut communiquer avec les prisonniers volontaires du Quirinal que par des guichets au nombre de dix. Trois sont situés au haut du grand escalier, et sont réservés aux cardinaux pour admettre en audiences privées les personnes amies qui leur rendent visite ; ils sont gardés par le maître du palais apostolique et les conservateurs de Rome.

Les conversations doivent se tenir à haute voix, afin que pas un mot dit ne soit perdu par les gardiens qui sont désignés sous le nom d'*ascoltari*, écouteurs.

De même huit guichets, quatre au premier et quatre autres à la porte principale du palais, sont surveillés par des prélats et des auditeurs de rote. Ces guichets reçoivent les vivres préparés pour les repas de Leurs Éminences et des conclavistes. Chacun des mets est soigneusement examiné, les poulets dépecés, les gâteaux pourfendus.

Quant au dixième et dernier guichet, également au rez-de-chaussée, il est spécialement affecté au secrétaire du conclave chargé de l'expédition des affaires extérieures.

Depuis la mort du dernier des princes Savelli, le droit héréditaire de maréchal du conclave est passé dans la famille des princes Chigi : c'est le maréchal, de concert avec le camerlingue, qui est chargé de la police intérieure du palais.

III

LA CHAPELLE PAULINE.

Deux fois par jour, avant leurs repas, les cardinaux descendent à la chapelle Pauline, pour procéder à l'élection du nouveau pontife.

Dans cette chapelle, devant autant de trônes à baldaquin de couleur violette ou verte que d'électeurs, sont disposées des tables recouvertes d'étoffe semblable portant le nom et les armes de chaque éminence. Sur chaque table il se trouve un catalogue du sacré collége pour marquer au fur et à mesure de l'ouverture du scrutin le nombre des suffrages donnés à chacun, des plumes, du papier, de l'encre, de la cire, etc.

Sur le maître-autel, deux calices d'argent destinés au scrutin, entre de hauts cierges allumés, doivent recevoir les votes des cardinaux.

Trois cardinaux pris dans chaque ordre, évêque, prêtre, diacre, sont désignés chaque jour, par un tirage au sort, pour présider au scrutin, l'ouvrir et proclamer les élus.

.˙.

Différents modes d'élection sont employés dans la nomination d'un pape.

Le plus usité est celui par bulletin contenant les noms de celui qui nomme et de celui qui est nommé. Chacun des bulletins est soigneusement fermé à plusieurs plis et cacheté à chaque pli. On les compte avant de les ouvrir pour bien s'assurer qu'il n'y en a pas plus que d'électeurs.

Si l'un des cardinaux ne réunit pas au moins les deux tiers des suffrages, on brûle les bulletins sans les décacheter plus avant que le premier pli, qui doit porter le nom du candidat choisi ; et cela pour que les nominateurs restent inconnus.

L'opération qui consiste à brûler les bulletins s'appelle la *fumade* ; elle se fait dans un poêle placé dans la chapelle même et dont le tuyau correspond à la façade du Quirinal, à côté du grand balcon. On a même le soin d'ajouter aux bulletins de la paille humide, afin de produire plus de fumée.

Le peuple connaît cette coutume, aussi ne manque-t-il pas de se rendre en foule deux fois par jour, place Monte-Cavallo, pour suivre les phases de l'élection.

Si la fumée sort, le pape est encore à faire ; si elle ne sort pas, le pape est fait.

On peut donc dire que le peuple romain ne se repaît pas de fumée, et cela avec d'autant plus de raison, que les marques de mécontentement ne font pas faute de se produire bruyamment, voire insolemment, si la malheureuse cheminée fume.

Outre l'impatience naturelle à une nation dont le chef est nommé à l'élection, de connaître si le choix de ses mandataires,—*in petto*,—a été heureux, chacun espère pour le sien, celui que son cœur — et peut-être bien son intérêt — a choisi. — Aussi quand la malencontreuse fumée obscurcit le ciel, que de cris, quelles clameurs, quelles malédictions ! A la décharge des Romains, n'oublions pas que ce sont des méridionaux, tout de sensations et de mouvements extérieurs.

Eh ! mon Dieu, ils n'en acclameront et n'en adoreront pas moins celui qui paraîtra tout à l'heure à la principale fenêtre du Quirinal.

Les cardinaux, qui savent leurs gens par cœur, n'ont garde de se laisser influencer ou émouvoir par ces manifestations, et continuent leur besogne.

Besogne divine, mais pénible, par le cérémonial absorbant auquel ils s'astreignent, et la retraite absolue à laquelle ils sont réduits.

Les déceptions,— celles surtout des ambitieux, il en existe malheureusement, — les déceptions sont plus grandes qu'on ne pourrait se l'imaginer. Lors du défilé du sacré collége de l'église Saint-Sylvestre au Quirinal, chacun désigne le pape, chacun le nomme. Chacune des trois cours a même le sien, chacune se croit sûre du succès et ne peut supposer un instant que ses combinaisons puissent échouer.

Et pourtant, jamais on n'a vu de ceux-là que portait la faveur populaire atteindre au but de ses convoitises. Pourquoi ? Comment ?

Faut-il répéter avec les malintentionnés et les niais que les intrigues, les brigues, l'envie font tous les frais de la comédie ? Et plutôt, au lieu de s'ingénier à de coupables pensées, n'est-il pas plus simple de croire qu'en ce moment suprême de l'élection d'un Pape, quand les bulletins tombent dans l'urne et que se prononce ce magnifique serment : « *Testor Christum Dominum, qui me judicaturus est, quem secundum Dei elegi, et quod in accessu præstabo,* » n'est-t-il pas plus simple de croire qu'une voix supérieure, une voix d'en haut, que le Saint-Esprit leur dicte leurs votes ?

.*.

Que de cardinaux entrent papes au conclave, qui en sortent cardinaux !

Lorsqu'après bien des essais infructueux les différents partis ne peuvent s'entendre et former une majorité absolue, on en vient à l'*accessit*, c'est-à-dire que chaque membre du conclave s'approche de l'autel, et adhère de vive voix à l'élection d'un cardinal ayant déjà réuni un certain nombre de votes au scrutin.

Si le chiffre des adhésions est suffisant, le Pape est nommé, mais il est à observer que dans cette circonstance, tout cardinal est libre de ne choisir personne et, dans ce cas, il se contente de dire : *accedo nemini*. Aussi un spirituel écrivain a-t-il remarqué que souvent c'était le cardinal *Nemini* qui remportait le plus de suffrages.

.˙.

Il existe encore d'autres manières d'élire : par *acclamation*, par *inspiration*, par *adoration*, par *compromis*.

Les trois premières peuvent se confondre en une seule, sauf de légères nuances.

Quand, assez fort de lui et assez sûr de son parti, un cardinal ose déclarer hautement qu'un tel est Pape, se prosterne à ses pieds et l'adore comme le vicaire de Jésus-Christ, si son exemple est suivi par les deux tiers des assistants, le Pape se trouve élu de ce fait par *adoration*.

Le cardinal des Ursins, Benoist XIII, reçut la tiare par *acclamation*.

*_**

Le *compromis* consiste à léguer le pouvoir de la nomination du Pape à un ou plusieurs cardinaux offrant, par leur caractère indépendant et la sagesse de leur esprit, les garanties d'un choix devant satisfaire tout le monde.

Mais ce mode d'élection a presque été abandonné, du moins quant à la délégation à un seul, et en voici le motif :

Dans un conclave tenu à Lyon, au quatorzième siècle, les cardinaux eurent la pensée de confier le mandat d'élire le Pape à l'un d'entre eux.

Malheureusement ils désignèrent un Français, qui pis est un Gascon, le cardinal d'Euze de Cahors. Que fit notre Gascon? Ne pouvant faire un meilleur choix que lui-même, il s'avança au milieu des cardinaux, et leur dit : *Ego sum Papa*.

C'est ainsi que Jean XXII fut proclamé.

.˙.

Les cours de France, d'Espagne et d'Autriche ont un droit d'exclusion dont elles peuvent user; on y comprend quelquefois, mais à tort, celle de Portugal.

Ce droit, qui n'a rien d'absolu dans le fait, ne résulte d'aucune des lois sur les conclaves.

Ce droit, si improprement appelé droit de *veto*, n'a donc aucune vertu réelle; c'est une formule de déférence, voilà tout.

On prétend que c'est au concile de Saint-

Jean-de-Latran en 1509, que le droit de veto prit le caractère de son exercice.

Bien entendu, il ne donnait à l'empereur aucune action sur l'élection, puisqu'un prince laïque ne saurait avoir qualité pour y prendre part.

Nicolas III n'entendit accorder et n'accorda à l'esprit du droit de veto qu'une sorte de confirmation de l'élection; il faut le redire, c'est bien improprement qu'on nomme droit de veto un droit qui n'est que la faculté d'approbation.

C'était donc un pastiche du droit d'investiture au pouvoir des empereurs d'Orient, qui, à chaque nouvelle élection, exigeaient un tribut pécuniaire pour l'exarque de Ravenne.

C'est Henri II d'Allemagne qui, en 1002, affranchit l'Église de tout tribut en abolissant cette servitude.

De nos jours, le droit de veto des trois cours catholiques n'est donc plus qu'une condescendance dont le Saint-Siége fait preuve à leur égard, puisque plusieurs papes ont été élus et proclamés en passant outre, du désaveu de l'une d'elles et même des trois réunies.

Pour ne citer qu'un exemple, je rappellerai qu'en 1555, à la mort de Marcel II, l'ambassadeur de Charles-Quint déclara au cardinal Caraffa la réprobation que l'empereur donnerait à son élection.

A cette communication, le cardinal répondit avec fierté :

— *L'empereur ne pourra faire que, si Dieu me veut pour pontife, je ne le sois. Alors, au contraire, je n'en serai que plus content, parce que je n'aurai d'obligation pour cette dignité qu'à Dieu seul.*

Huit jours après, le cardinal Caraffa était acclamé sous le nom de Paul IV.

Il y a vingt façons pour un souverain catholique de notifier l'exclusion qu'il prétend faire d'un cardinal.

La plus ordinaire pourtant, est que le cardinal qui en est chargé en réfère par écrit ou même verbalement au cardinal-doyen, qui, à son tour, en informe tous ses collègues par un billet signé par lui.

Nécessairement cette formalité doit être remplie non-seulement avant le dépouillement des votes, mais même dès les préliminaires des opérations du scrutin.

En 1823, MM. les cardinaux de Clermont-Tonnerre et de la Fare, étant chargés d'apprendre au sacré collège l'exclusion que le roi de France entendait faire du cardinal della Genga et ne s'étant acquittés de leur mandat qu'après que la lecture des bulletins était déjà commencée, elle fut continuée, et ce fut justement l'exclus qui devint pape, sous le nom de Léon XII.

Le fameux principe *de semel exclusus, semper exclusus*, que l'on prétend passé en force de chose jugée dans les conclaves, n'a pourtant pas plus de consistance que le droit de veto.

C'est encore une formule dont l'élection du cardinal Aldobrandini, trois fois évincé précédemment, vint faire justice dès 1592, année où il fut élu pape sous le nom de Clément VIII.

Pour se renfermer en ce qui concerne le droit de veto, il est curieux de remarque qu'il a toujours un effet opposé à celui que se propose celui qui l'exerce.

C'est invariablement pour celui qui en est

l'objet le signal de la considération de ses collègues. Le nouveau pontife avec ses faveurs lui confère les meilleurs bénéfices, les plus hautes charges de l'état, et généralement la confiance dans les conseils.

Comme toujours, la bête noire des politiques devient *le lion* de la situation.

Et cela se comprend, un souverain ne prononce jamais le veto à propos d'un incapable ou d'un homme à vues pauvres.

En telle sorte qu'on peut dire que le veto a pour effet de désigner le pape à nommer aux élections futures.

IV

Tout est fini, le scrutin a donné le nombre de voix nécessaire, le Pape est nommé.

Aussitôt un coup de sonnette retentit, les verroux sont tirés, les portes s'ouvrent et pénètrent dans l'enceinte secrète les deux premiers maîtres de cérémonie, le maréchal et le secrétaire du Conclave.

Ceux-ci vont se joindre au cardinal-doyen, au camerlingue et aux cardinaux chefs d'ordre, et ils se rendent en cortége auprès de l'élu. Arrivés devant lui, l'un d'eux, le doyen prononce la formule suivante : *Acceptasne electionem de te canonice factam in summum pontificium?*

L'élu accepte.

On ne connaît que trois exemples de refus : Victor II, Nicolas IV, Adrien II, qui, d'ailleurs, furent nommés plus tard sous les noms que nous venons de dire.

Dès que l'acceptation est prononcée, immédiatement, et avec un ensemble remarquable, tous les baldaquins s'abaissent ; un seul reste immobile : celui du nouveau Pontife.

Ce n'est pas tout, il faut que l'élu ait dit au doyen, sur sa demande, le nom qu'il veut adopter.

Ce nom connu, le proto-notaire apostolique dresse le procès-verbal de l'élection et de l'acceptation, et le signe avec le maréchal du congrès et le secrétaire.

Toutes ces formalités remplies, l'élu, accompagné de deux cardinaux-diacres, se rend à la sacristie, d'où il sort revêtu de l'habit blanc des papes.

Alors commence la cérémonie du baisement du pied, que l'on pourrait appeler la cérémonie de l'adoration; et, en effet, ce n'est plus un homme, c'est le successeur de saint Pierre, le représentant de Dieu sur la terre, devant qui, les premiers s'inclinent, ses égaux naguère, ses sujets maintenant, les cardinaux.

Puis, dans l'ordre hiérarchique, sont admis au baisement tous les conclavistes. Après eux, les barrières étant enlevées, les prélats, les moines, les parents du pape, le corps diplomatique, etc., viennent rendre hommage au souverain Pontife.

Cependant la foule encombre la place Monte-Cavallo. Soudain un grand cri s'échappe de sa poitrine, l'Angelus vient de sonner, et pas un nuage de fumée ne raye la pureté du ciel.

Puis suit un grand silence ; c'est que les premières pierres du balcon de la Bénédiction tombent sous les coups de pioche. Et au milieu de la poussière qui se dissipe lentement, on voit apparaître les deux premiers cardinaux-diacres précédés de la croix papale, et suivis des maîtres de cérémonie.

Le nom du pape est proclamé !

Comment peindre l'élan tumultueux du peuple romain lorsque le second diacre lance sur la place la Cédule de l'Election ? le canon du fort Saint-Ange tonne, les tambours roulent, les fanfares éclatent, le peuple fait entendre cette grande et triomphante acclamation qui consacre toutes les royautés.

A Rome, celle du roi des rois.

CHAPITRE XI

La canonisation des martyrs du Japon

CHAPITRE XI

La canonisation des martyrs du Japon

I

C'était le 28 mai 1862, à dix heures du soir ; l'isthme en sapin qui rattachait le paquebot *le Pausilippe* à la terre ferme, venait brusquement de disparaître.

Les deux roues du vapeur annonçaient aux trois cent cinquante passagers, par leur bruyant labeur, que le navire prenait la mer. Sur les deux quais qui cernent le port de la Joliette jusqu'au phare de sortie, la population catholique de la ville de Marseille s'était massée pour acclamer à leur départ les nombreux fidèles qui se rendaient à Rome pour assister ou prendre part à la canonisation des martyrs du Japon.

Les cris de vive Pie IX pontife et roi s'échangèrent de la rive au bateau; jusqu'à ce que les dernières lumières de la ville de Marseille se confondissent avec les étoiles.

A part les servants des évêques, j'étais avec Pierre Petit, le célèbre photographe de l'épiscopat français, le seul laïque à bord. Pierre Petit allait à Rome pour se reposer, par plaisir, et pourtant, il a su, — chercheur infatigable, — en rapporter les admirables reproductions des fresques de Raphaël du palais de la Farnésine, que tout le monde connaît par lui maintenant; ainsi qu'une inimitable collection de portraits de notre très-Saint-Père le Pape Pie IX, du Cardinal Antonelli, de Monseigneur de Mérode et de plusieurs princes de l'Église.

La nuit était fort belle, claire, et la mer était calme; pas de vent. Le navire était tellement encombré que force me fut de me contenter d'un matelas que j'eus le bonheur d'arracher des mains d'un domestique du bord, à la faveur d'un immense feutre noir qui, le soir surtout, me donnait un aspect monacal.

Armé de mon matelas, je m'installai bravement entre un prélat français et un archevêque américain, de Terre-Neuve, je crois. Et je me disposai à dormir, les chants religieux ayant été brusquement interrompus par un ordre, assez brutalement exprimé, du capitaine. On n'entendait plus que le bruit des respirations oppressées, et celui de la mer émulsionnée par le choc régulier des roues du *Pausilippe* fuyant dans le sillage.

J'étais couché près de la barre, ce qui me permit de saisir ces quelques mots :

Quand je te le disais, murmurait le timonier à un autre matelot, le vent tourne déjà !

— Ce n'est pas étonnant, nous avons des corbeaux à bord, la carcasse sera secouée. Lorsque je vois le nom de l'un de ces oiseaux sur le livre d'équipage, j'en suis toujours pour mes trente sous, avant de m'embarquer; je fais dire une messe !

Le matelot qui parlait ainsi était un Italien.

La messe nous a porté bonheur, car la traversée s'est effectuée comme toujours en trente-six heures.

Le 30 au matin, notre entrée dans le port de Civita-Vecchia était saluée par vingt et un coups de canon. Des myriades de canots brillamment pavoisés aux couleurs pontificales, — jaune et blanc, — transportèrent tous ces messieurs à quai, et je dois à la courtoisie d'un évêque hongrois, de n'avoir pas eu à subir les interrogatoires d'usage.

Un : monsieur est avec moi, dit à l'homme de police, par cet excellent prélat, valait mieux que le passeport le plus en règle.

On peut ne pas accepter un service, on ne refuse jamais un bon procédé.

Quelques baïocchi ont promptement raison du zèle des douaniers italiens. Nous pûmes donc repartir, Pierre Petit et moi, de Civita-Vecchia par le premier train, et deux heures après nous entrions à toute vapeur dans la ville éternelle.

J'étais à Rome!

Déjà la ville était en fête, tout s'apprêtait pour la grande cérémonie religieuse qui devait réunir dans Saint-Pierre la chrétienté représentée par plus de trois cents évêques et soixante mille prêtres, venus des quatre coins du globe.

II

Le dimanche suivant, c'était grande fête patronale à Saint-Jean-de-Latran. Le Saint-Père devait y officier et donner la bénédiction.

Nous fîmes signe à un cocher que nous avions besoin de ses services, et nous montâme dans une de ces mille petites voitures qui sillonnent continuellement Rome en tout sens.

Véhicule léger et rapide, traîné par un vigoureux cheval à la robe noire et luisante, que dirige fort habilement et gaiement un brave garçon à la mine éveillée et avenante.

En quelques minutes, nous étions rendus

de l'hôtel d'Angleterre à la place Saint-Jean de-Latran.

Saint-Jean est la cathédrale de Rome, la vraie métropole du premier évêché de la chrétienté ; Saint-Pierre n'étant, à vrai dire, que la chapelle pontificale.

La façade principale de l'église, — construite par l'architecte Alexandre Galilée sous le pontificat de Clément XI — est d'ordre composite à cinq arcades étroites et fort élevées, au-dessus desquelles se trouve une galerie de loges, comme à Saint-Pierre.

L'église est grande, fort belle et renferme la chapelle funéraire de la famille Corsini qui est d'une somptuosité incomparable; mais la partie artistique et archéologique la plus intéressante de cette église, c'est la porte d'airain qui fermait jadis la basilique Emilia.

A droite de Saint-Jean-de-Latran est une vaste et fraîche avenue se prolongeant jusqu'aux portes de Rome, à gauche un couvent, et devant l'église une immense pelouse cernée d'arbres touffus.

Des loges on aperçoit au loin les anciens viaducs romains, une route blanche et sinueuse conduisant à Terracine. L'horizon est borné par des montagnes boisées où sont pittoresquement assises les petites villes de Frascati, Castel-Gandolfo, Albano, Arricia. Notre *vetturino* nous installa fort commodément à l'abri des rayons d'un soleil sénégalien sous les arbres à droite de l'église; plusieurs centaines d'équipages étaient rangés à nos côtés, une foule innombrable et massée encombrait toute la place, et jusque sur les toitures du couvent l'on apercevait un fourmillement de têtes humaines.

Moines, trastévérins, bourgeois et Romains, tout était confondu ; il y avait des hommes à cheval, la pique à la main, la plume au chapeau, à l'allure fière et calme, des femmes revêtues de leur costume aux couleurs éclatantes, entassées pêle-mêle avec leurs enfants, leurs frères, ou leurs maris, sur des chariots attelés de taureaux ou de buffles.

Et tous venaient de supporter les fatigues et les durs cahotements d'un voyage de peut-être dix à douze lieues pour recevoir la bénédiction de leur Pape.

Au fond de la place, disposées autour de deux batteries d'artillerie prêtes à tonner, les armées romaine et française se tenaient l'arme au bras.

.*.

La fin du divin service approchait ; tous les regards, dans une même communion d'esprit, étaient dirigés vers la loge du milieu de la façade de Saint-Jean-de-Latran.

Tout à coup les tambours battent aux champs, des décharges d'artillerie déchirent l'air, un cri joyeux sort à la fois de toutes les poitrines.

Puis le silence !

Le souverain Pontife Pie IX venait d'apparaître à la loge principale de l'église.

Aussitôt il s'agenouilla et il fit une courte prière, dont l'*amen* fut répété par tous dans un élan unanime et magnétique.

Alors seulement les cris de vive Pie IX Pontife et roi ! retentirent de toutes parts ; la musique militaire éclata en accents glorificateurs, le canon renforça de sa voix formidable et protectrice ces acclamations d'enthousiasme et d'amour.

Nul, si sceptique que soit son esprit, si desséché que soit son cœur, n'aurait pu se défendre en cet instant solennel d'une respectueuse et profonde émotion qui s'emparait malgré vous de tout votre être.

Après quelques minutes de recueillement, le Saint-Père se releva et imposa ses mains sur les fidèles.

Le silence s'étant rétabli de nouveau, Pie IX donna de sa voix vibrante qui pénètre jusqu'au fond de l'âme, la bénédiction *urbi et orbi*.

Les cris, les vivats, la musique et le canon s'unirent une dernière fois comme en un cantique magnifique d'actions de grâce adressé au Tout-Puissant.

Puis tout s'éteignit.

Et l'on n'entendit plus que les sourds bruissements d'une foule qui s'écoule lentement, ou le bruit sec sur le pavé des roues des voitures s'éloignant rapidement.

.˙.

La fête de Saint-Jean-de-Latran avait été comme le prologue de l'émouvante et grandiose cérémonie qui devait avoir lieu peu de jours après dans la basilique du Prince des apôtres.

III

La façade de Saint-Pierre apparaît à la sortie du pont Saint-Ange. Par un effet de perspective extraordinaire, on croit qu'un pas à peine nous sépare du monument, et si on veut franchir ce pas, on est étonné de la distance qu'il faut encore parcourir.

On n'est pas peu surpris, en avançant, de voir les misérables maisons entre lesquelles on marche. C'est une pauvreté et une saleté qui contrastent singulièrement avec la magnificence de la Place Ronde et de l'Église. A quelques égards, cet état des lieux rappelle l'ignoble encombrement que faisaient naguère encore, autour de Notre-Dame, les maisons qui l'entouraient. Si Rome avait la même activité d'embellissement et d'assainissement qu'on remarque à Paris, un semblable état de choses ne durerait pas longtemps ; et cette place admirable déjà avec ses portiques semi-circulaires, ses quatre rangées de colonnes doriques, sa terrasse bordée de balustrades, ses statues, ses galeries droites, qui joignent les portiques à la façade du temple qui fait le fond de la place, et l'obélisque du cirque de Néron qui est au centre, cette place serait sans rivale dans le monde.

Mais à quoi bon des regrets, quand une merveille pareille s'offre à l'admiration? Pour moi, je l'avoue, je ne songeai bientôt plus aux inconvénients qu'il m'avait fallu traverser une fois que je me trouvai devant cette œuvre gigantesque édifiée par la foi et le génie.

J'ai écrit le mot gigantesque et, sans avoir

mesuré les dimensions de l'église, sans savoir s'il est d'autres monuments qui le dépassent en hauteur, largeur ou profondeur, je déclare qu'il n'en peut exister qui donnent autant l'idée du grand.

Bien qu'à regret, je crois cependant devoir me servir ici d'un terme de comparaison qui, dans une certaine mesure, permettra à chacun de voir Saint-Pierre de Rome. Imaginez le Panthéon, mais le Panthéon avec l'air, la lumière! Rien de massif, pas d'empâtement, nulle pierre lourde, nulle colonne écrasée. Le dôme, d'une hardiesse incroyable, jeté au-dessus de la frise par la main vigoureuse de Michel-Ange, serait le plus beau qui soit, si Brunelleschi n'avait fait à Florence le dôme de Sainte-Marie-de-la-Fleur, sous lequel Michel-Ange voulait être enterré pour *le voir éternellement.*

Saint-Pierre n'a pas été bâti en un jour; il a fallu deux siècles pour en faire l'édifice qu'on connaît. Tout ce que l'Italie eut d'architectes célèbres y a travaillé : le Bramante, Vignole, Lorenzetto, Michel-Ange. Fontana, qui éleva au centre de la Place Ronde l'obélisque du cirque de Néron, se chargea de l'exécution du dôme Le portail, qui n'est peut-être pas aussi satisfaisant qu'il l'aurait fallu en face d'un pareil ensemble, est dû à Charles Maderne. Cependant il est remarquable. Ce portail, qui est de l'ordre corinthien à colonnes, a une architrave, un fronton et un péristyle à pilastres, couronné par Jésus-Christ et les douze apôtres. Ce sont treize statues colossales. On s'en imagine aisément la dimension et l'effet par l'anecdote suivante : Quand Slodtz, sculpteur français, eût fait placer sa statue de saint-Bruno dans une des niches des piliers, on lui fit observer que l'ange qui présente la mitre à saint Bruno était petit et mesquin. « Cela est vrai, répondit-il, je le reconnais à présent ; mais cette église est si trompeuse ! J'ai néanmoins donné onze pieds de hauteur à cet enfant. » D'ailleurs, à prendre des chiffres, on a mesuré que le temple n'avait pas moins de cent cinquante pieds de hauteur sous la voûte de la nef, six cents pieds de large et quatre cents de longueur.

La nef a quatre arcades divisées par cinq piliers, et des statues sont placées dans les niches qui séparent les pilastres cannelés dont chaque pilier est revêtu. Des chapelles correspondent, dans des nefs collatérales, aux divisions des piliers, ainsi que d'autres chapelles dans une double collatérale. Celles-ci servent aux chanoines pour y dire la messe.

C'est dans les nefs collatérales que se trouvent également les magnifiques mausolées de Grégoire XIII, d'Innocent XI, de Léon XI, de la comtesse Mathilde, etc., etc. Je cite les principaux.

Les quatre piliers du centre portent le dôme; l'angle du côté du maître-autel est coupé à pans et orné d'une tribune à colonnes torses, balcons et baldaquins. Au dessous est une grande statue avec niche et balustrade. Au-dessus de la corniche corinthienne sont les quatre Évangélistes, peints en mosaïque. Une grande frise circulaire, où sont écrits en mosaïque sur fond d'or ces mots : « *Tu es Petrus et super hanc petram ædificabo Ecclesiam meam,* » ferme le pourtour. Je n'ai pas été surpris quand on m'a assuré que les lettres avaient cinq pieds de haut. On les lit facilement d'en bas.

La richesse et la beauté du maître-autel sont incomparables. On connaît son baldaquin à colonnes torses, avec ses statues, ses bas-reliefs et ses pentes festonnées, le tout en bronze ; la balustrade de marbre et de bronze doré qui l'entoure par derrière, et la profusion surprenante de ses lampes d'argent. Puis vient cette belle chaire de saint Pierre, que soutiennent quatre pères de l'Église, et que surmonte un Saint-Esprit au milieu d'une gloire éclatante. Tout cela avec les marbres, les stucs, les ors, les peintures, pénètre l'âme d'un sentiment d'enthousiasme qu'on ne peut concevoir que lorsqu'on s'est trouvé en face de ces splendeurs merveilleuses du catholicisme.

Pour en finir avec les détails matériels, je parlerai d'un usage dont s'étonnent beaucoup de gens. Je veux dire la coutume où l'on est, à Rome, de transformer l'Église où doit avoir lieu la canonisation d'un saint. Cette transformation est nécessaire; car une église où un saint serait béatifié ne pourrait être rendue au culte qu'après une nouvelle consécration. Ainsi le veulent les lois canoniques. Aussi, avant la cérémonie, revêt-on les murs, les voûtes, les parquets, de tapisseries et de peintures représentant les différents actes de ceux que l'Église s'apprête à admettre parmi les bienheureux. Tout est couvert, caché; tout disparaît sous des tentures. En un mot, on fait une nouvelle église dans l'église. Par cette fiction, on s'épargne cette cérémonie de purification qui serait indispensable. Ceux donc qui auraient vu la grande basilique pendant une solennité de ce genre, se tromperaient singulièrement s'ils pensaient juger sur une pareille vue de sa physionomie habituelle.

***

C'était le 8 juin 1862, le jour de la Pentecôte. On eût dit, à voir Rome, d'une des sept collines, qu'elle était revenue à l'un de ces jours fameux où le monde entier accourait rendre hommage au sénat romain. Les peuples les plus divers s'agitaient dans les rues, couvraient les places, radieux, en habits éclatants. Tout était rumeur; et le bruit qui montait avait je ne sais quel accent étrange de douceur et de recueillement. Non! ce n'était pas là la Rome antique, la Rome despotique et cruelle dont les acclamations couvraient mal les cris de douleur que poussaient les esclaves dans le cirque, et qui laissait à la trace de ses pas une odeur de sang s'évaporant lentement dans les airs.

La voici aujourd'hui, la grande souveraine devant qui toutes les nations s'inclinent et qu'elles adorent à genoux ; la souveraine morale et pacifique par qui la haine et la confusion cessent, de qui émane tout amour et toute bonté.

O spectacle inouï ! ô grandeur du pontife-roi ! Un homme, un vieillard a fait ce miracle ! Représentant visible de Dieu sur la terre, il parle, il a parlé et l'Univers a tressailli dans ses entrailles. Il n'a ni soldats fameux par cent victoires, ni généraux illustres ; il n'a ni canons ni fusils ; il est seul, désarmé, en face de toutes les passions, de tous les intérêts, de toutes les méchantes ambitions ; il lève ses mains que les ans ont rendues tremblantes et les plus orgueilleux courbent la tête.

O Rome, cité sainte, à jamais vénérée ! ils ne prévaudront pas contre toi : car

Dieu l'a dit : « Tu écraseras la tête du serpent. »

On le sait, au milieu des périls de la catholicité, Pie IX avait voulu connaître ce qu'il restait encore de foi dans le cœur des hommes. Aucun conseil ne l'avait ébranlé, aucune crainte ne l'avait arrêté. Les yeux levés sur la croix adorable qui, depuis dix-huit cents ans, étend ses bras meurtris sur la pauvre humanité, il avait répondu ce mot grand et sublime : Je veux parce que je crois !

Et voilà que des bords de l'Asie, des rivages de l'Afrique, des pays les plus lointains, du nord au sud et de l'est à l'ouest, les peuples étaient venus. Et, le matin à 9 heures, quand le Saint-Père parut pour se rendre à la sainte basilique apprêtée pour la sanctification des martyrs du Japon, un cri composé de mille langues, un cri que nul prince n'entendra jamais, retentit. A quoi bon parler des pompes de cette cérémonie, de ces trois cents évêques revêtus de leurs chappes d'or, de ces soixante mille prêtres qui, chacun, marchait, portant le costume de son pays, de ce concours sans précédent de catholiques, de cette lumière que faisaient trente mille cierges, se réflétant dans l'or... Non! non! laissons toutes ces magnificences. Si pures qu'elles soient, elles tiennent encore à la terre. Plus haut! plus haut! regardons, chrétiens, et adorons l'Éternel Dieu dont l'esprit est descendu ce jour-là dans le cœur des fidèles.

FIN.

TABLE DES MATIÈRES

TABLE DES MATIÈRES

Lettre a M. de Villemessant.. 7

Élévation *(A ma mère)*. 9

CHAPITRE I.

Une audience au Vatican. 13

    Monsignor Borroméo. — Une communication du bon Dieu. — Le comte Mastaï-Ferretti entre dans les ordres. — Fanny Essler. — Présentation au Saint-Père. — Au revoir. — Le 15 novembre 1848. — Départ de Rome. — La comtesse de Spaur. — Arrivée à Gaëte. — L'osteria des jardins. — Le commandant Gross. — Le roi de Naples. — Retour à Rome. — L'exaltation d'un Pape. 49

CHAPITRE II.

Le cardinal Antonelli.................... 53

> Le Recivimento de monseigneur de Villecourt. — Portrait du cardinal. — Son enfance. — Au pouvoir. — Les trois chefs d'accusation. — Tentative d'assassinat. — Cabinet du ministre. — La princesse romaine amie du cardinal. — Népotisme. — Le plus grand économiste pratique des États de l'Église. — Faits historiques. — Les femmes jugées par Son Éminence le cardinal Antonelli........... 76

CHAPITRE III.

Son Éminence le cardinal Tosti.............. 79

> La place Montanara. — Les docks du brigandage. — Le numéro 79. — Folle passion du peuple romain pour la loterie. — Le cardinal père du peuple. — Distribution de baïocchi. — Le cardinal Mezzo-Fanti. — Horace. — Maladresse d'un barbier. — Le pain et le vin.................................... 94

CHAPITRE IV.

Monseigneur de Mérode..................... 97

Maraude et maraudeurs. — Officier, puis prêtre. — Activité fiévreuse de monseigneur de Mérode. — La Pilota. — Salon d'audience. — L'épée du capitaine suisse. — La chambre à coucher du ministre des armes. — Les zouaves pontificaux. — Le général de Lamoricière. — Le comte de Chevigné. — Le comte de Bourbon-Chalux. — M. de Cathelineau. — La médaille de Castel-Fidardo.... 117

CHAPITRE V.

L'armée d'occupation...................... 121

Les moines prêcheurs. — Les sapeurs français. — La Transfiguration de Raphaël. — Opinion du haut clergé, de la noblesse, de la bourgeoisie et du peuple. — Le marquis D***. — Les officiers. — La Piccolomini. — M. de Christen. — Un voleur maladroit. — Le commandant Picart. — Le maréchal Vaillant. — Le général Oudinot. — Le général Rostolan. — Le général Niel. — Le général d'Hautpoul. — Le maréchal Baraguay-d'Hilliers. — Le général Gémeau. — Le général Montréal. — Le général de Goyon. — La princesse d'Altemps. — Le duc de Galèse 147

CHAPITRE VI.

La villa Médicis........................ 151

Le maréchal Vaillant et les frères de Rome. Le dîner d'adieu. — Départ de Paris. — Trattoria di Ponte-Molle. — Réception à la Villa Médicis. — L'auteur du cas de M. Guérin. — Historique de la Villa. — Le baudrier du suisse. — M. Schnetz. — Réceptions de l'Académie. — Monsignor Bartholoméo Pacca. Le prince Massimo. — M. Mangin, sa galerie de tableaux. — M. le colonel Bochet. — M. Ampère. — Le commendatore Visconti. M. Cabanel. — L'oignon de Monte-Testaccio. M. Picot. — Le mot de la fin.... 179

CHAPITRE VII.

Échos de Rome.................................. 183

I

Le bon moine. — La fontaine de Trevi. — Une prise de tabac. — L'habit ne fait pas le moine... 189

II

Anecdote racontée par M. Noel Lemire. — Relations du peuple avec les cardinaux...... 189

III

D'après un rapport officiel du comte de Rayneval, chiffres et statistique................ 191

IV

Revenus annuels du Souverain-Pontife...... 192

V

Anagramme du nom du Pape............. 193

VI

Mission du marquis de Cessiat, neveu de
M. de Lamartine...................... 193

VII

Origine du mot Vatican................. 194

CHAPITRE VIII.

LE COUVENT DE SAN-ONOFRIO 197

Tombeau de Torquato-Tasso. — Une Madone
de Léonard de Vinci. — Lettre autographe
du Tasse. — Invasion du cloître par des femmes. — Listz........................ 200

CHAPITRE IX.

LA JOURNÉE DE PIE IX 203

Détails de la vie intime de Pie IX. — Le
Brasero. — Les audiences extraordinaires.

— Tableau des audiences fixes. — Sa Sainteté avec ses camériers.... 212

CHAPITRE X.

Le Conclave. 215

Le droit des peuples et le droit des cardinaux. — L'élection de Viterbe. — Grégoire X. — Le concile œcuménique de Lyon.—Lois fondamentales de Conclave. — La mort du Pape. — Obsèques. — Les congrégations. — Messe du Saint-Esprit. — Le grand Camerlingue. — De Saint-Sylvestre au Quirinal. — Le Quirinal. — La journée des visites. — Les cellules. — La chapelle Pauline. — Les baldaquins. — Élection au scrutin. — Acclamation. — Adoration. — Accessit. — Compromis. — Le Véto. — Scrutin définitif. — Coups de sonnettes. — Prise du nom. — Prise de l'habit. — Démolition du balcon de la bénédiction. — Cédule. — Acclamations du peuple........................... 255

CHAPITRE XI.

LA CANONISATION DES MARTYRS DU JAPON....... 259

Le 28 mai 1862. — Le Pausilippe. — Vive Pie IX! Pontife et Roi. — Pierre Petit. — Les fresques de la Farnésine. — Réplique curieuse d'un matelot italien. — Civita-Vecchia. — Rome. — Cochers romains. — Saint-Jean-de-Latran. — Bénédiction pontificale, *urbi et orbi*. — Saint-Pierre. — Description rapide de l'église. — 30,000 cierges. — Cérémonie de la canonisation. — 300 évêques et 60,000 prêtres. — Congrès du monde catholique.............................. 283

ROMANS IN-18 JÉSUS

Victor Hugo. Les Misérables. 10 vol. in-18.	35 »
Biagio Miraglia. Nouvelles calabraises. 1 vol. in-18.	3 50
Mme Eugène Garcin. Léonie. 1 vol. in-18	3 »
— Charlotte. 1 vol. in-18	3 50
Benjamin Gastineau. La Dévote	3 »
Emile Leclercq. Les Deux Armurières. 1 vol. in-18	3 50
— Gabrielle Hauzy	3 50
— Les Petits-Fils de don Quichotte. 1 vol. in-18	3 »
Longfellow. Hypérion-Kavanagh. 2 vol. in-18	6 »
Marvel. Rêveries d'un Célibataire. 1 vol. in-18.	3 »
Ch. Reade. L'Argent fatal. 2 vol. in-18.	7 »
Mlle Aug. Royer. Les Jumeaux d'Hellas. 2 forts vol. in-18.	8 »
Parody. Le Dernier des Papes. 1 vol. in-18.	3 50
Marc Bayeux. Les Gens d'église. 1 vol. in-18.	3 »
Fould. L'Enfer des Femmes. 1 vol. in-18	3 50
Xavier Eyma. Légendes, Récits et Fantômes du nouveau monde. 2 vol. in-18.	7 »
Gonzalès. La Dame de nuit. 2 vol. in-18.	6 »
Alarcon. Le Finale de *Norma*. 1 vol. in-18.	3 »
Trollope. La Petite Maison d'Allington. 2 vol. in-18	7 »
Auerbach. Au Village et à la Cour. 2 vol. in-18.	6 »
Alfred Assollant. Un Quaker à Paris. 1 vol. in-18	3 50
— Cadet Borniche (Aventures de). 1 vol. in-18.	3 50
Émile Zola. Contes à Ninon. 1 vol. in-18	3 »
— La Confession de Claude. 1 vol. in-18.	3 »
Jules Richard. Le Péché de vieillesse. 1 vol. in-18	3 »
— La Galère conjugale. 1 vol. in-18.	3 »
Eugène Sue. Mlle de Plouernel. 1 vol. in-18	2 »
— Jeanne Darc. 1 vol. in-18	2 »
— La Clochette d'airain. 1 vol. in-18.	2 »
— La Faucille d'Or.—La Croix d'argent. 1 v. in-18	2 »
— Victoria, ou l'Alouette du Casque. 1 vol. in-18.	2 »
Berend. La Quarantaine. 1 vol. in-18	3 »
Claude. Le Roman de l'amour. 1 vol. in-18.	3 50
Alexandre Dumas. Les Crimes célèbres. 4 vol. in-18	8 »
De Breteh. Gabrielle. 1 vol. in-18.	3 »
Vincent. Enclume et Marteau. 1 vol. in-18, illustré de 16 grav.	3 »
Ernest Blum. Entre Bicêtre et Charenton. 1 vol. in-18	3 »
Ch. Joliet. L'Envers d'une campagne. 1 vol. in-18	3 »
Elie Berthet. La Peine de mort. 1 vol. in-18.	3 »
***. Dialogues extravagants. 1 vol. in-18	2 »
Pessard. Yo. Fantaisie chinoise. 1 vol. in-18	3 »
Ch. Dollfus. Mardoche. 1 vol. in-18	3 »
Maurice Sand. Le Coq aux cheveux d'or. 1 vol. in-18.	3 »
Ernest Alby. L'Olympe à Paris, ou les Dieux en habit noir. 1 vol. in-18	3 »

Paris. — Imprimerie L. Poupart-Davyl, 30, rue du Bac.

www.ingramcontent.com/pod-product-compliance
Lightning Source LLC
Chambersburg PA
CBHW071336150426
43191CB00007B/751